ーナルブックレット No.45

〈シンポジウム〉

障害年金と人権

—代替的紛争解決制度と大学・専門集団の役割—

著　者

橋本宏子・森田明・湯浅和恵・池原毅和
青木久馬・澤静子・佐々木久美子

企画編集

神奈川大学法学研究所

公人の友社

目　次

〈シンポジウム〉障害年金と人権

〈シンポジウム〉

障害年金と人権

——代替的紛争解決制度と
大学・専門集団の役割——

第1章　シンポジウムを理解するために

橋本宏子（神奈川大学）

1　公的年金は、老齢年金だけではない

——重要だが、知られていない障害年金

公的年金制度というと、まず浮かんでくるのは老齢年金で、特に、若い人たちには遠い将来の問題のように思われがちだが、年金制度から支給されるのは老齢年金だけではない。

一般にはなじみが少ないが、障害年金も重要な公的年金のひとつである。ある日突然、病気やケガで心身に障害が残り、日常生活が不自由になり、働けなくなってしまった。こういう時にクローズアップされてくるのが、障害年金の存在である。だから、障害年金は若い人々にも直接関係してくる可能性がある。このことは、全国的に展開されてきた「学生無年金訴訟」に象徴的に示されている。

2　シンポジウムのねらい

——障害年金と代替的紛争解決制度ＡＤＲ（Alternative Disput Resolutions）

シンポジウムのねらいは、このあまり知られていない障害年金を取り上げ、障害年金とはどのような

ものであり、そこにはどのような問題が内在しているのか、また、問題を解決するためにはどうしたらよいのか、大学や地域には、問題解決にむけ、どんなことが求められているのだろうか。皆さんと一緒に考えていきたいという思いで、このシンポジウムを企画してみた。

特に、年金の問題は、法律には関係のないことに思われがちだが、近年、年金に係る不服申立、なかでも障害年金に係る不服申立が突出して増加してきていることは、巻末〔参考資料〕に示すとおりであり、なかには学生無年金訴訟のように裁判に進むものも少なくない。

学生無年金訴訟がそうであったように、年金に係る不服申立ての多くは、社会保険審査官及び社会保険審査会の審査を経ることになる。（社会保険審査官及び社会保険審査会についての詳しい説明は、後述３—(4)「社会保険審査官及び社会保険審査会」を参照）これらの審査を経た後でなければ、訴訟を提起することはできないという「不服申立前置制度」が取られているからである（この点については、国民年金法第７章、厚生年金保険法第６章等参照）。そして社会保険審査官及び社会保険審査会についての必要事項を定めた「社会保険審査官及び社会保険審査会法」（以下「官・会法」という）は、行政処分についての不服申立ての一般法である「行政不服審査法」に対しては、特別法の位置にあり、両者は緊密な関係にある（例えば、国民年金法１０１条５項、厚生年金保険法91条の２参照）。

(1)　行政不服審査制度の改革と事前手続／事後手続の総合的・統一的把握

さて、現在、行政不服審査制度の改革が、議論の俎上に上がってきている。

今回の行政不服審査制度改革では、行政手続法の制定と行政過程における事前手続と事後手続の総合的・統一的把握が、究極な課題とされているといわれている。

ここでは、その意味することの概略を明らかにするために、行政手続、行政不服審査、行政訴訟の関係を次頁**図1**のようにあらわしてみた。

図1について、若干説明を加えると、行政の決定が下される前と後とで区別した場合に、行政決定に至るまでに行政が行うべき「事前手続」を通常、行政手続という。これに対し行政決定（行政処分）が下された後の「事後手続」が、**図1**でいえば、行政不服審査と行政訴訟ということになる。また、行政手続と行政不服審査は、あいまって司法過程より前の段階で行政過程全体を通じての適正手続の保障を担保しようとしているといえる。

(2)　社会保険の事前手続　―不当・違法な不利益処分の事前防止

さて、行政手続の基本原則としては、A告知・聴聞　B理由の提示　C活動準則の設定・公表があげられているところ、わが国の行政手続法では、行政手続を①申請に対する処分の手続　②不利益処分の手続　③行政指導の手続　④届出の手続　の4つに類型区分している。

社会保険に即して考えれば、私たちが、関係機関の窓口に行き、年金を受給するための申請をし、決定を受ける。その過程は、下記図1でいう、事前手続であり、その過程が、公正・適正に行われることを確保するために定められているのが、行政手続法だということになる。

社会保険に係る第一線の窓口での対応が、しっかりしていれば、事後行政手続である不服申立をせずに早期に解決したと思われる事案も少なくない（5―(1)「必要な市民への情報提供と相談窓口」をあわせ参照）。

不利益処分の手続について、行政手続の基本原則が遵守されれば、不当・違法な不利益処分が、事前に防止されることになる。このことは、社会保険においても例外ではない（なお、行政手続法13条2項4号に留意）。

事前行政手続と事後行政手続は、こうした意味で密接に関係している。シンポジウムで「年金申請の手続を知ろう」という提起を行い、情報提供の重要性や申

図1　司法過程より前に行政過程全体を通じての適正手続の保障

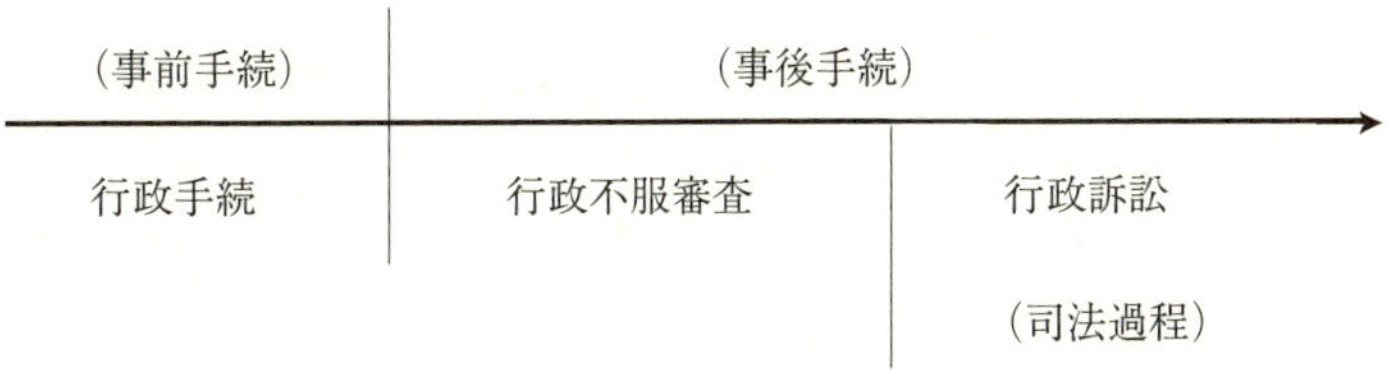

請へのアドボケイトの必要性を提案しているのも、法的にみれば、事前行政手続と事後行政手続を総合的に捉えることにより、司法過程に先立つ、行政過程全体を通じての適正手続の保障を実質的なものにしていこうと考えてのことである。このことは、報告者の一人である湯浅さんが年金請求に至る経緯やシンポジウムでの会場からの質問からも、切実に感じられることではなかろうか。

(3) 行政不服審査制度の改革による事後行政手続の方向性

ところで、現在の行政不服審査法は、①手続の簡易迅速性、と②審理の公正および中立人等の手続的保障を目的としているが、行政不服審査制度改革の方向性（注）は、②を重視する方向で動いてきている、といわれている。特に、処分担当と審査担当の職能分離、具体的には、審査担当者、および第三者的審査機関の設置によって審査の公正・第三者性を実現する案が提案されているという。

（注）行政不服審査制度の改革は、前述のように「行政過程における事前手続と事後手続の総合的・統一的把握」におかれていることからすると、ここでいう行政不服審査制度改革の方向性は、その中の事後手続、すなわち現在の行政不服審査法に多く対応する部分の改革の方向をさしていることが窺える。行政不服審査制度の改革については、みやすいところでは、「ジュリスト」No.1324に、関連するいくつかの論文が掲載されている。本稿もこれらの論文等を参考としているが、まだ改革の全容がかたまっているわけではなく、本稿の説明は、筆者の理解の範囲で、筆者の責任で行うものである。

(4) 注目すべき第三者機関としての社会保険審査官・社会保険審査会の機能

すでに、健康保険法や厚生年金保険法等の社会保険の分野については、行政不服審査法の基本法則と異なり、個別法律に存する審査請求の根拠規定に基づき、社会保険審査官・社会保険審査会という法定の第三者機関（処分庁とその上級庁に対して独立して不服審査・裁決を行う行政機関）が設けられていることは、先にも触れたとおりである。

行政不服審査制度の改革においては、「第三者機関」が、審理の公正および申立人等の手続的保障に、どのように寄与することになるのか、また行政不服審査を司法とのかかわりで、どのように位置づけていくのかが、重要な緊急課題となっていることからすると、社会保険審査官・社会保険審査会の現状を分析し、その効用と問題点、克服すべき方向性を明らかにしておくことは、改革を実りあるものにしていく上でも、重要な意味をもつ、といわなければならない。

ここでは、多くをふれる余裕はないが、一例をあげれば、社会保険審査会では、不服申立人等への口頭審理請求制や審理手続における対審制がとられているが、その公正手続のあり方は、十分に明らかになっていない。口頭陳述人である請求人等からの審査庁への質問も適宜に認められるべきではないかという議論もある。官・会法では、社会保険審査官・社会保険審査会は、準司法手続であると説明されているが、通常「準司法手続による行政不服申立制度」といわれる制度（例　独占禁止法45条以下参照）とどこがどう違うのか、みえにくい点も少なくない。さらに、近年では、司法権の限界を補う行政機関による「裁判」（この場合、司法権は、原処分の適否ではなく、「前審裁判」の適否の審査に留まることになるという考え方）も提起されている。こうしたことも、視野に入れながら、社会保険審査会をＡＤＲとしてどのように位置づけるかは、今後の重要な法的課題のようにみえる。

また、社会保険審査会が容認裁決を出しても、原処分庁が当該請求人以外の者に対して行った個別の処分には拘束力は及ばないから、行政側が、社会保険審査会の裁決を尊重する態度を取らないかぎり、前述の容認裁決に係る当該原処分と同一の内容の請求が、社会保険審査会に多数係属するという事実も発生することになる。社会保険審査会の容認裁決と立法政策との連携も大きな課題である。

話を整理しておこう。行政不服審査制度の改革の中で、行政不服審査は、①手続の簡易迅速性と②審理の公正及び申立人等の手続的保障という2つの目的のうち、②を重視する方向に動いてきている、といわれている。社会保険審査会の現状は、この②の方向を、具体的に考えていくうえで、素材を提供すると考え、いくつかの指摘を行った。

さて、これからの（社会保険分野も含めた）行政不服審査が、②を重視する方向に動いてきているからといって、それが①手続の簡易迅速性と無縁でないことは衆目の一致するところだろう。むしろ、②を重視することが、それだけ手間や時間を要することにもなることからすれば、①を保ちながら、②を充実させていくためには、審査請求人に対する法律家と社会保険労務士等、他領域の専門家の総合的支援が不可欠となろう。その総合的支援の中核として、大学に求められてきている役割も大きいことは、〔５―(2)「市民を助けるアドボケイトの育成と大学の役割」をあわせ参照〕シンポジウムでも指摘されているとおりである。

市民が、社会保険労務士や関連機関の職員、弁護士をはじめ法律の専門家と手を携えて、障害年金についてのトラブルを未然に防ぐとともに、社会保険審査会等の苦情機関にもっと目を向けることで、裁判にかわる代替的紛争解決制度であるＡＤＲへの具体的な歩みを進めていくことが、いま切に求められてきていると思うが、どうだろうか。ぜひ、考えてみていただきたい（なお、「裁判外紛争解決手続の利用の促進に関する法律」（ＡＤＲ法）が、平成十九年四月より施行されることになった。詳しい検討は、他日に期したい）。

そのための素材提供として、ここでは、まずはじめに、障害年金を含む公的年金制度の全体像を示しておくことにしたい。

3　もう一つの年金「障害年金」はどう使うか
―制度の仕組み、現状と課題を考える

(1)　公的年金制度の構造

公的年金制度は、昭和61年4月の年金法の大改正によって、2階建ての年金制度が導入され、現在に至っている。この2階建て年金制度は、国民年金を全国民共通の基礎年金と位置づけ、原則として、20歳以上60歳未満の国民全員が加入することとされた。

図2の第1号、第2号、第3号は、国民年金の被保険者の区分であり、全国民はそのいずれかの被保険者となる。第1号被保険者には自営業者、無職の人、20歳以上の学生などが、第2号被保険者にはサラリーマン、公務員、私立学校の教職員などが、第3号被保険者には第2号被保険者の被扶養配偶者である20歳以上60歳未満の人が、それぞれ該当する。

この結果、第1号被保険者及び第3号被保険者は、国民年金のみの加入となるが、第2号被保険者であるサラリーマン、公務員、私立学校の教職員などは、同時に厚生年金保険や共済組合の被保険者・組合員でもあるから、公的年金へ二重に加入することになる。

(2) 公的年金制度の負担と給付

保険料の納付や年金の給付も２階建て制度に対応する。第１号被保険者は、国民年金の保険料を個別に納付する。国民年金のみの加入だから支給される年金も国民年金（「基礎年金」）のみとなる。第２号被保険者は、毎月の給料から厚生年金保険や共済年金の保険料が天引きされる。このなかには国民年金の保険料も含まれる。従って、年金は、原則として、国民年金と厚生年金保険・共済組合から、「基礎年金」と「厚生年金・共済年金」が支給される。第３号被保険者は、自ら国民年金の保険料を納付する必要はない。それは第２号被保険者が支払う厚生年金保険や共済組合の保険料で第３号被保険者の保険料分を国民年金に拠出しているからで、第３号被保険者には国民年金からのみ「基礎年金」が支給される。

一方、公的年金制度は、「老齢」「障害」「死亡」を保険事故とする保険制度であるから、これらの保険事故が発生し、法律で定める一定の要件を満たすと、それぞれ加入していた年金制度から、所得保障としての「老齢年金」「障

図２　公的年金制度の種類と被保険者の範囲

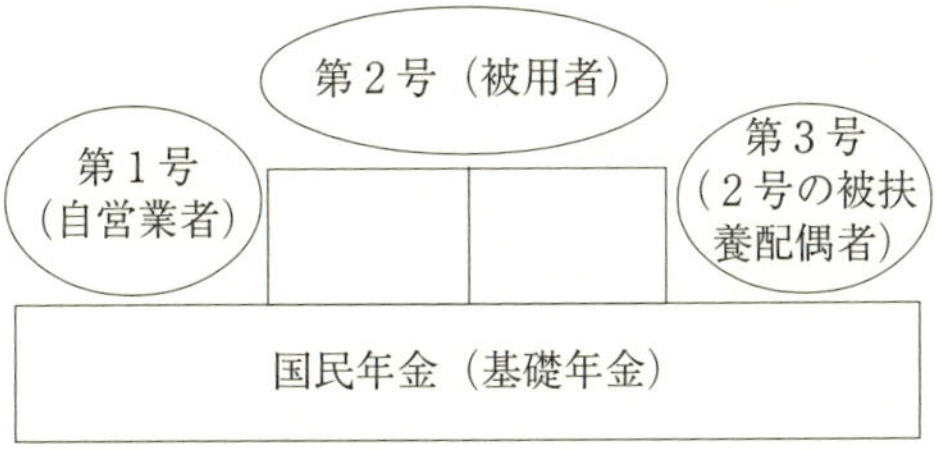

害年金」「遺族年金」が支給される。

以上の関係を、サラリーマン（第2号被保険者）に例をとってその概要を図示すると、**図3**のとおりである。なお、第1号被保険者、第3号被保険者については、1階部分の基礎年金（老齢基礎年金、障害基礎年金、遺族基礎年金）のみが支給される。

(3) 障害年金を受給するには

障害年金を受給するためには、一定の要件を満たす必要がある。この要件を「受給要件」という。受給要件は、障害基礎年金、障害厚生年金・障害共済年金ともに、①資格要件、②保険料納付要件、③障害程度要件の3つがあり、原則として、3つの要件をすべて満たすことが必要となる（**表1参照**）。

裁定請求の結果、受給要件を満たす判断されると、初診日に加入していた年金制度及び障害の程度によって、**表2**のような障害年金又は障害手当金が支給される。

図3　年金給付の種類（サラリーマンの例）

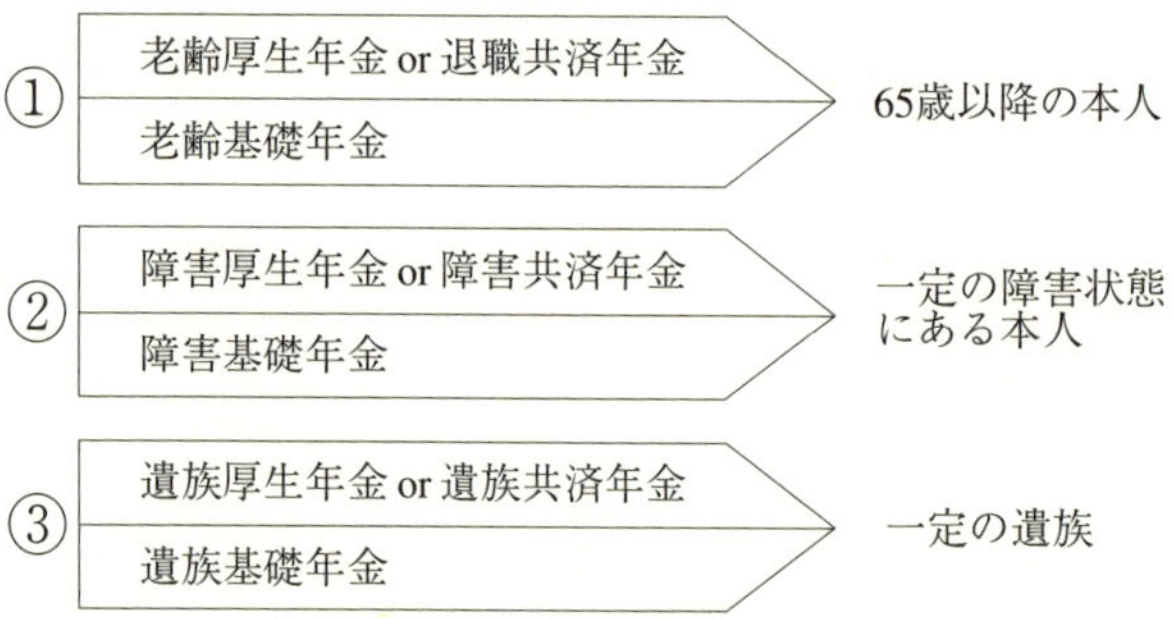

しかし、障害年金を受給するまでの道のりは長く険しい場合が多い。受給要件を満たすには困難な要素が多いからだ。例えば、バイクに乗っていて転倒し障害を負った場合は、多くはその日に病院で診療を受け、また、障害年金の裁定請求までの期間も長くないので、「初診日」や「障害の程度」は明確になるが、疾病が原因となる障害（例えば、糖尿病を発生原因とする失明）の場合は、長い年月の経過があるために、いつが初診日なのか、障害認定日（初診日から1年6カ月を経過した日）当時の障害の状態がどうであったのかが、簡単に分からない場合が多い。決め手になるのはカルテだが、その保存期間は、医師法で終診から5年とされている。

このように、同じ年金制度のなかでも、退職・老齢、死亡のように発生理由が明確な「老齢年金」や「遺族年金」に比べて、障害を事由とする「障害年金」は、受給要件を満たすかどうかの判断が即決し難いという問題がある。加えて、こ

表1　障害年金の受給要件

年金種別	受給要件	受給要件のあらまし
障害厚生年金 障害共済年金	資格要件	初診日に厚生年金保険の被保険者であること
	保険料納付要件	一定の国民年金保険料を納付していること
	障害程度要件	障害等級1・2・3級に該当すること
障害基礎年金	資格要件	初診日に国民年金の被保険者であること（被保険者でなくなった後でも60歳以上65歳未満で、国内に住んであればよい。）
	保険料納付要件	一定の国民年金保険料を納付していること
	障害程度要件	障害等級1・2級に該当すること

れらの立証は請求者である障害者に委ねられており、これが障害年金の受給の難しさに拍車をかけている。その他、複数障害の場合や、年金加入前である20歳前障害の問題もある。

頻繁な法改正による複雑化した制度を理解し、自ら請求手続を行い、権利を主張していくことは容易なことではない。巻末「資料」に示したように、障害年金に係る苦情申立が突出して増加してきていることも、こうしたことに関連しているように窺える。

それでは、障害年金の請求が認められなかったとき、人々はどこに苦情を申し立てているのだろうか。次に苦情申立機関について、その概略を述べておくことにしたい。

(4) 社会保険審査官及び社会保険審査会

障害年金の請求をしたのに、その請求を認めないという処分決定がなされたとしたら、それは請求人にとって不利益処分ということになる。それでは、処分の内容に不服があるときはどこに不服を申し立てればよいのだろうか。

表2　障害年金の内容

加入制度	障害等級1級	障害等級　2級	障害等級3級	手当金
厚生年金 共済組合 と 国民年金	障害厚生年金又は 障害共済年金1級 障害基礎年金1級	障害厚生年金又は 障害共済年金2級 障害基礎年金2級	障害厚生年金又は 障害共済年金3級	障害手当金
国民年金	障害基礎年金1級	障害基礎年金2級		

不利益処分の取り消しを求める不服申立の一般法としては、行政不服審査法があるが、社会保険については、官・会法に基づき、行政不服審査法の基本法則と異なる仕組みが定められ、第三者機関（処分庁とその上級庁に対して独立して不服審査・裁決を行う行政機関である社会保険審査官及び社会保険審査会）に対し、審査請求することになっている。

具体的には、社会保険庁長官がした、被保険者の資格に関する処分、給付に関する処分等に不服がある場合は、社会保険審査官に審査請求をし、その決定に不服がある場合は、社会保険審査会に対し再審査を請求することができる。但し、保険料の徴収その他徴収金の賦課等に不服がある事業主は、社会保険審査会に直接審査請求することができる。このように、社会保険の不服申立て制度は、「社会保険審査官」及び「社会保険審査会」による二審制がとられており、また、裁判所への訴えは社会保険審査会の裁決を経たあとでなければ行うことができないとする不服申立前置主義がとられている（図４参照）。

なお、社会保険審査官は、厚生労働省の職員のうちから厚生労働大臣によって任命され、社会保険審査会は、衆参両議院の同意を得て厚生労働大臣が任命する委員長及び委員５人をもって組織される。

社会保険審査官は一人で事件を審査する「独任制」であるのに対して、社会保険審査会では、事件ごとに委員長及び委員のうちから指名される３人（審査長１名、審査員２名）をもって構成する合議体で事件を取り扱う「合議制」をとっている。社会保険審査会の審理は原則公開とされ、その指揮は審査長が行う。請求人・代理人と、保険者・代理人に加え、参与（被保険者利益代表２人、事業主利益代表２人。なお、国民年金は被保険者及び受給権者の利益代表４人）は、審理期日に出頭してそれぞれの立場で意見を述べ又は意見書を提出することができるとされており、通常、**36頁図5**の配置で審理が行われている。また、その他利害関係のある第三者の参加や参考人の出頭も認められている。審理期日後、裁決を行うため合議体により合議（非公開）が行われる。裁決は文書をもって行われ、請求者にその謄本が送付される。

巻末「**参考資料**」にみるように、不服申立件数が急増する中で、社会保険審査会委員並びに事務局職員の多くは、荷重な労働の中で日々努力を重ねてきているが、この審査会の存在はあまり知ら

図４　社会保険の不服申し立ての流れ

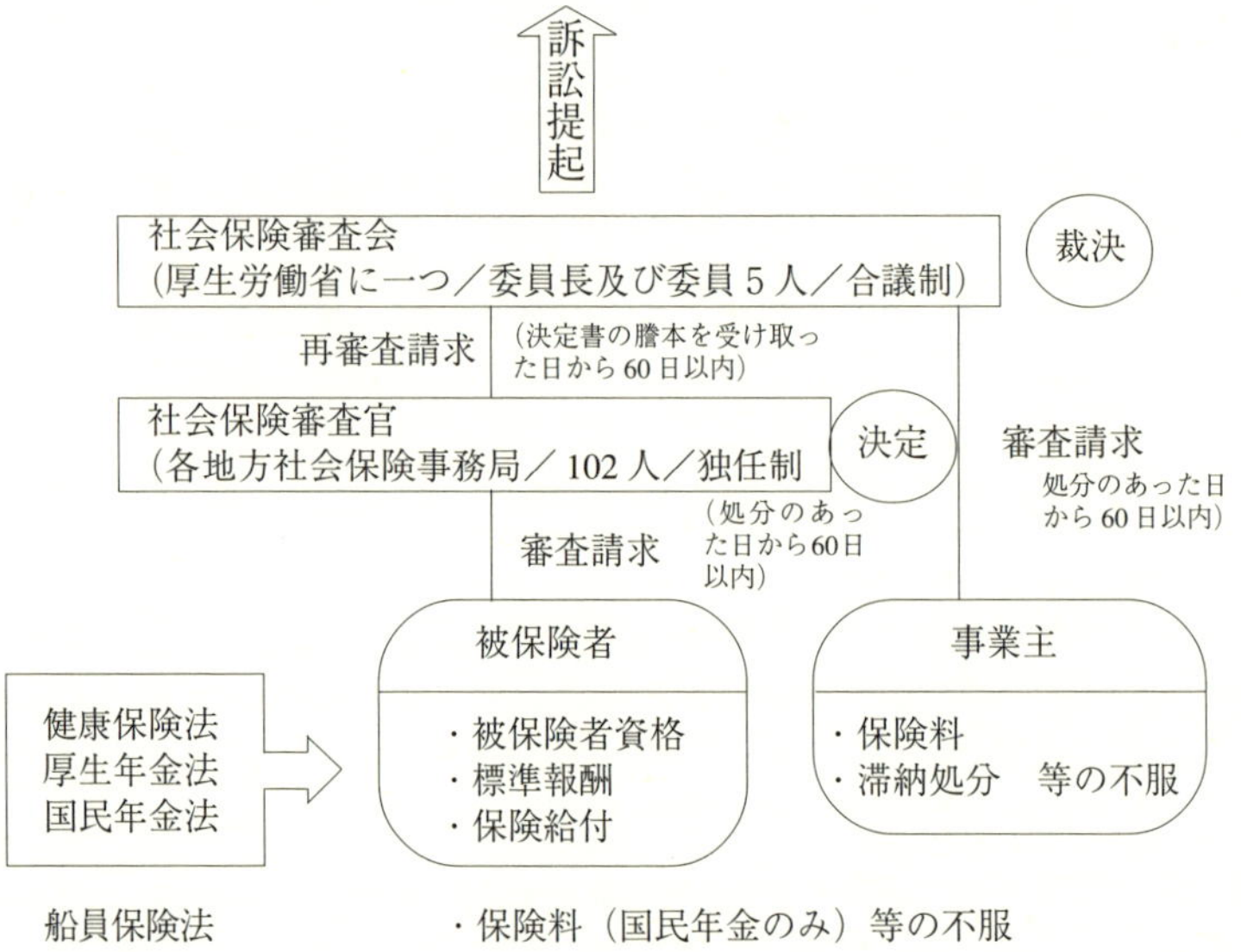

れていない。今日、公務員の削減が緊急な政策課題となっているが、市民の生命・生存を守るために、逆に、その拡充こそ求められる分野もあることを知ってほしいと思う。

このような社会保険審査会ではあるが、苦情を申立てる市民の側からすれば、社会保険審査会への要求や不満は少なくないだろう。苦情の申立をした市民や社会保険労務士や弁護士が、現状の社会保険審査会をどうみているのかは、今後の社会保険審査会のあり様を考える上でも重要である。

4　シンポジスト／報告者の位置づけ

ここで、シンポジスト／報告者の位置づけを明らかにしておきたい。

まず、**湯浅和恵**さんは、薬害が原因で、両眼が失明に近い状態となり、障害年金の請求をした方である。このような障害を負った方には、問題なく障害年金が支給されそうだが、現実はそう簡単ではない。障害年金の請求には、障害年金の認定日請求（15頁及び91頁図6参照）と「事後重症」（90頁注21参照）があるが、湯浅さんのケースは、この点に関係した問題である。どう関係して、何が問題になったのだろうか、本文をよく参照してほしい。

湯浅さんのケースは、社会保険審査会で、再審査請求人である湯浅さんの請求が認められた事案である。しかし、ここに至るまでの過程は、残念ながら平坦ではなかった。自身が、歯科医でもあった湯浅さん、医療保険をはじめ、社会保険には、一般の人よりはなじみがあったようにみえる湯浅さんではあるが、現状はどうだったろうか。考えさせられることが少なくない。年金制度、特に障害年金制度への情報提供やアドボケイトの必要性についても痛感させられる事案である。

池原毅和弁護士は、学生無年金訴訟の原告側の代理人であり、「全国精神障害者家族の会」の顧問弁護士でもある。こうした経緯から、池原弁護士が、代理人となっている当該訴訟の原告は、精神障害に罹患した方々である。障害年金を受給するためには、初診日がいつだったかが、重要になる（例　厚生年金保険法第47条、注3参照）。あわせて、前述の「障害年金を受給するには」（14頁3—(3)参照）、精神障害の場合は、症状が、長い期間にわたって段々に進行することが多いことから、湯浅さんのようなケースと比べても、初診日の特定が難しいことが多い。

池原弁護士には、学生無年金問題へのかかわりから、報告をお願いしたしだいであるが、学生無年金訴訟それ自体には、「初診日」問題の他にも多くの問題があることは周知のとおりである。社会保障争訟における代理人として活躍している池原弁護士には、年金制度、特に障害年金制度への情報提供やアドボケイトについてどう考えているのか、また社会保険審査会についてはどのような意見をもたれているのか　といったこともシンポジウムの中で、伺いたかったことである。

青木久馬社会保険労務士は、障害年金に精通した数少ない社会保険労務士の一人であり、しかも自身が中心となり、年金制度についての地道な相談・支援活動を全国的に展開されている方でもある。

今回、シンポジウムを開催するにあたり、初めて知ったことだが、障害年金に精通した社会保険労務士はほんとうに少なく、したがって障害年金に関する不服申立において請求人の代理人となるような社会保険労務士は、一握りにすぎない。そこには、障害年金の代理人を引き受けていても、社会保険労務士として生活が成り立たないという深刻な事実も関係している。

青木報告の中では、現行の障害年金制度に対する大胆な問題提起や社会保険審査会への批判も展開された。審理手続における対審制の問題など社会保険審査会の法的性格にかかる筆者（橋本）の問題意識も、シンポジウムにむけた青木さんとのやりとりに触発された面が少なくない（前述9頁参照）。認定基準の法的性格をアメリカ法にいう実質的証拠準則を視野に入れつつ検討することや理由付記のあり様についても、今後は関心をむけていきたいと考えている。特に認定基準との関係では、アメリカ法で前記準則が採択される場合には、その前審手続が、第三者機関により、かつ、司法手続に準ずる手続を採択していることに興味をそそられている。

ところで、青木さんのシンポジウムにおける問題提起の一部については、率直な反論も考えられることから、このシンポジウムの参加者との質議（例えば、**質問6**）をふまえたとりまとめを本報告の最後に筆者の責任で参考として掲載してみた。議論がさらに広がることを期待したい。

5　シンポジウムを通じて、発展させていきたいこと

最後に、今回のシンポジウムを契機にして、私達が今後発展させていきたいことを要約し　結びとしたい。

(1)　必要な市民への情報提供と相談窓口

障害年金を受給するためには、いくつかの「制度上の約束事」がある。その中には、保険料の納付や初診日を証明するカルテのように、障害になってからでは、対応しにくい問題も多い。私達は、普段からそのような知識を身につけておくことが必要である。

くわえて、障害年金の裁定請求はどこにすればよいのか、裁定に不服がある場合はどこに不服を申立てることができるのだろうか。

市民が、主体的にこれらのことを駆使していくためには、必要かつ充分な、しかもわかりやすい情報提供が、アドボケイト（社会保険労務士、弁護士等）を通じて、市民に提供されることも重要である。こ

のことは、学生無年金者が生み出されてきた背景からも窺われるところである。
近年　社会保険審査会への苦情申立が、急増してきていることは、先にも触れたが、その中には、第一線の窓口での対応がしっかりしていれば、早期に解決したと思われる案件も少なくないことを強調しておきたい。

(2)　市民を助けるアドボケイト（社会保険労務士、弁護士等）の育成と大学の役割

社会保険審査会への苦情申立が、急増してきているとはいえ、全体としてみれば、市民が主体的に不服申立制度を利用するまでにはいたっていない。

年金制度、特に障害年金制度には、技術的に煩雑な問題も多く、市民を助けるアドボケイト（社会保険労務士、弁護士等）の存在は不可欠である。

だが、実際に障害年金を請求する段になっても、障害年金に精通した社会保険労務士、弁護士を見いだすことは難しいのが現状である。障害年金に精通した社会保険労務士、弁護士が少ないのは、前述のように障害年金の代理人になっても、生活が維持できないことも影響している。

しかし、数は少ないとはいえ、障害者の年金問題の重要性に気づいている社会保険労務士や弁護士の方々がいらっしゃることもまた確かであり、すでに、社会保険労務士や弁護士の中では、市民や地域に

対して何ができるのか、チームワークを組んで市民をバックアップする地道な活動もはじまってきている。このことは、このシンポジウムの開催さらには、この報告書の作成にあたり、十指にあまる社会保険労務士の方々や、関連機関の職員の方々が、多大なご協力を下さったことにも示されているように思う。

これらの社会保険労務士や関連機関の職員の中には、神奈川大学の卒業生も含まれている。

こうした現状を考えれば、大学が社会保険労務士や弁護士とも連携して、これら専門集団の組織づくりの一翼をになえるよう努力することは、社会的使命といえよう。

大学としても、社会保険に係る専門人育成とあわせ支援の枠組形成にむけて、一日も早く具体的な一歩を踏み出したいものである。今回のシンポジウムがそのための契機となることを期待したいし、筆者自身、その取組みに尽力したいと考えている。

なお、本報告書では、シンポジウムにおける発言にかかる説明を、対応するページの下欄に注記した。あわせて参照していただきたい。

（なお、筆者は二〇〇二年四月より三年間、神奈川大学を休職。社会保障審査会委員の職にあった。）

第2章　《シンポジウム》

障害年金と人権

——代替的紛争解決制度と大学・専門集団の役割

2005年10月15日　十三時〜十六時

神奈川大学横浜キャンパス　16号館 視聴覚ホールB

【司会】

橋本宏子（神奈川大学 法学部教授）

森田　明（神奈川大学 法科大学院教授・弁護士）

橋本　一般には、あまりなじみのない「障害年金」が本日のテーマです。ある日突然、病気やケガで心身に障害が残り、日常生活が不自由になった、働けなくなってしまったとき、私たちが頼りにするのは障害年金制度です。ところが、いざ請求しようとなると、そこにはいくつかの壁が立ちはだかります。

これからお話しいただきます湯浅さんは、**初診日**（53頁注11参照）から1年半の時点で、障害等級に該当する障害があるということで請求〔**認定日請求**（91頁図6参照）〕したのですが、1年半の時点では、カルテ等のいろいろな資料から見て、障害等級に該当すると判断することができないとして、「事後重症」（90頁注21参照）の認定がなされました。

しかし湯浅さんは、「いや、そうではない。1年半の時に障害等級に該当する障害があった」という主張をされました。

社会保険審査会では、湯浅さんの現状での障害の状態から判断して、1年半の時点で障害の状態にあったと推認できるという判断をいたしまして、認定日請求を認めた事例だと私は記憶しております。細かいところはご本人からお話があると思います。

事ほどさように、障害年金ではその初診日の医学的な証明、あるいは保険料をちゃんと払っているかどうかが重要になります。これがあとの池原弁護士の学生無年金訴訟にもかかわってくる問題です。今日は、青木社会保険労務士がいろいろ意欲的にお話をされたいとおっしゃっている中心も、その初診日とか保険料の問題にかかわるところが大きいかと思います。

今回のシンポジウムでは、「障害年金」を通して、弱者救済としての社会保障制度のあるべき姿、私たち市民の権利を実現していくにはどうしたらよいか、皆さんと考えていきたいと思います。

シンポジウム報告１

障害年金と私　――社会保険審査会の容認裁決を得るまで

湯浅　和恵（ＳＪＳ患者会代表）

１　スティーブンス・ジョンソン症候群という病気

皆様、こんにちは。湯浅と申します。

ここ数年、マスメディアで放送されてご存じの方もいらっしゃると思いますが、ほとんどが薬の副作用として発症しています「スティーブンス・ジョンソン症候群」と言います。日本語で言いますと、「皮膚粘膜眼症候群」です。皮膚と粘膜と目に症状が出る症候群ですから、そのような状態を意味します。これは急性期の最初の診断と早期の治療が大切で、障害が残るか残らないが決まってくると言われています。

私は平成３年、今から14年前の夏に夏風邪を引いて近所の内科医で薬を処方してもらって、それが原因で発症しました。14年の間に左目は４回角膜移植をして、右目は１回の角膜移植をしました。そのほかに、緑内障、白内障などの手術を受けまして、左目は光を感じずに完全に失明しています。右目は弱視で、調子の悪いときは０・０１か０・０２ぐらいです。調子のいいときは０・０５という状態です。

２　発症10年たって障害年金の存在をはじめて知る

お恥ずかしい話ですが、年金というのは歳を取ってからもらうものだと私はずっと理解していました。私が発症した当時は歯科医院を自分で開業しておりまして、将来、自分が障害者になるとは全然夢にも思っていませんでした。障害年金があって、それを私がもらえるということは、全然知りませんでした。どうして障害年金を知ったかといいますと、私は平成３年に発症しまして、変な病気なので自分一人でずっと10年間悩んでいました。息子が高校入学と同時にパソコンを買ってもらって、この病気を検索して患者会を知りました。その患者会で、国の障害基礎年金のほかに、去年から独立行政法人になりました医薬品医療機器総合機構で薬の副作用に関する救済制度があることをまず最初に知りました。

これを請求することにしましたが、パソコンで障害年金についていろいろと検索しましたら、国民年金にもあることがわかりました。

私の小さいころから、父と母は仕事をしておりまして、「年金だけは掛けておけ」と昔から言われていました。私が最初に掛けた時には**任意加入**（注1）だったのですが、その時代からずっと掛けてきていまして、それだったら私ももらえるのではないか。そういうことで、この障害年金を初めて知ったわけです。発症して10年たってはじめてのことでした。

私が発症したのが平成3年で、平成7年に**身体障害者手帳**（注2）3級を認定されました。私はずっと目が悪かったのですが、いずれは目が治るだろうと信じて眼科にずっと通っていまして、治療をしている場合は身体障害者の認定はしてくれないと思っていました。先ほどの手術とかいろいろお金がかかりまして、これは行政に相談して救ってもらいたいと思い、「私のような場合は身体障害者と認定されないのだろうか」と持っていったところ、「できます。治療して治れば、また、はずせばいいんですから」と簡単に言ってくれました。それで主治医に言いましたら、「そういうことはこちらで言ってあげなければいけなかったね」とはじめて言われました。

私は平成7年から身体障害者手帳を持っていまして、平成13年に渋谷区に

●注1　**任意加入**

昭和36年に年金法が改正され、すべての国民がいずれかの公的年金制度に加入する"国民皆年金"体制が整ったが、それでも被用者の被扶養配偶者（サラリーマンの妻）や学生は任意加入とされていた。昭和61年の大改正で基礎年金制度が導入されたことにより、被扶養配偶者は国民年金第3号被保険者となり、平成3年からは学生も第1号被保険者として強制加入になった。

●注2　**身体障害者手帳**

身体障害者手帳は、身体障害者福祉法に基づいて、視覚障害、聴覚障害、肢体不自由、内部障害などの一定の障害状態にある方に対して、法に定める身体障害者であることの証票として都道府県知事が交付するもので、「赤い手帳」とも言われている。この手帳の

住んでおりまして、渋谷区役所に相談に行きました。障害者手帳を見せた時に、平成7年のものでしたから、そこの受付の人に「あ、これは5年さかのぼれるわよ」(注4)と一言、言われたのです。私はそれを聞かなければ、この審査会への請求もしてなかったと思います。

私の場合は、**障害認定日**(注3)にはっきりとした治療の記録がないということで、最後まで認めてもらえなかったのですが、私は平成7年から身体障害者手帳を持っていて、れっきとした証拠があるから、平成7年からは障害年金としてもらえるのではないかという簡単な発想でした。

私はちゃんと義務を果たしているのだから、権利もしっかり主張しなければいけないとずっと思っていました。また、たまたま渋谷区の**社会保険事務所**(注5)の担当された方がすごく親切で、そういうことだったら最後まで闘いなさいと、資料のそろえ方などをアドバイスしていただきました。

3　申請・認定・不服申立て・再審査請求

交付を受けることによって、身体障害者福祉法による更生援助(医療給付、補装具の交付・修理)や入所措置、日常生活用具の給付、各種福祉サービスなどを受けることができる。

なお、身体障害者福祉法に定める障害の基準と国民年金法・厚生年金保険法で定める障害の基準との間には整合性はない。例えば、身体障害者手帳で1級と認定されても障害年金で1級と認定されるかは別の問題である。

●注3　**障害認定日**

障害の原因となった傷病の初診日から起算して1年6箇月を経過した日、またはその期間内に治った日を「障害認定日」とし、医師の診断書や診療記録等から、障害認定日における障害状態を判断し、障害等級に該当するか、社会保険庁長官が認定する。

平成13年11月に最初の申請をいたしました。そのあと、平成14年4月に「事後重症」（90頁注21参照）としてしまったので、それでは不服だということで、東京社会保険事務局に電話をして不服の申し入れをしました。（5頁参照）そして、資料などを出しました。

それが返ってきたのが1、2カ月後でしたが、その返ってきたものを見て、「これは私が出したものをすべて同じようにワープロに打って、それで返ってきただけのことじゃないか」という感じだったことを覚えています。

それだったら、何も私のことは審査してもらってないのではないかと思って、平成14年6月に社会保険審査会（36頁図5参照）に再審査の請求をしました。

私の病気の特徴とも言えるのですが、全身やけど状態になります。皮膚はもちろん水泡ができて、それが破れて、魚の丸焦げ状態と思っていただいていいです。私は今、皮膚はきれいに治りましたが、残っているのは目です。網膜ではなくて角膜と結膜、外側の粘膜がやられてしまったわけです。それと、のどの粘膜が過敏になっていまして、すぐにせき込みます。それが残っています。

●注4　時効

年金を受ける権利には、「基本権」と「支分権」がある。基本権は年金そのものを受ける権利であり、支分権は基本権を得た人が具体的に年金の支給を受ける権利である。

基本権については、年金法上「年金を受ける権利は、時効によって消滅する」（国民年金法第102条第1項、厚生年金保険法第92条第1項）と規定され、年金給付の受給権が発生しても、その翌日から5年間裁定請求をしなければ、その受給権は消滅するとされる。このため、かつては裁定請求手続きが遅れると年金の支給を受けることができなかったが、昭和42年に「現行法令の許容する限度において、できるかぎり弾力的な運用を図る」との通達が出されたことにより、

急性期に非常につらい思いをしました。角膜の上皮がやけどではがれてしまうので、非常に痛みがつらい。そして、角膜が濁ってきてしまっているので視力が悪くなって、それも非常につらい。角膜穿孔という、潰瘍ができて角膜に穴が開いてしまう。そうすると、中の房水という水分が全部出てしまって、目がぺちゃんこになってしまう。そういうことも３回ぐらい経験しました。

これ以後は遡及請求が認められている。
しかし、支分権については、会計法第31条が適用され、５年間この請求をしないときは時効によって消滅するとされる。従って、例えば、８年前に遡って障害年金の障害認定日請求をして認められても（基本権が発生しても）、年金の支払いは５年前までの分しか支給されず、それ以前の３年分は時効によって支給されないことになる。

４　障害認定日１年半後の目の状態の証明に苦労

障害認定日に当たる1年半ぐらいの時はちょうどその時でして、痛みのために入院したり、穿孔で保存角膜を移植して、あと新鮮角膜を待っていたりという状態でいました。たまたま私が入院した最初の眼科は都立病院で、そこに私のいとこが勤務していました。その関係上、お医者さんがとても親切にしていただきまして、その時のカルテは10年分ですから、それをまとめて詳しく整理していただいたものを付けて出したのですが、一向に理解してもらえませんでした。

そういう状況の中で、私も勧められるままに、障害認定日1年半後の目の状態を出さなければいけないとそれなりに納得しまして、私のカルテにはちょうど1年半後の視力検査の記録がなかったので、それで非常に苦労しました。主治医は退職されていなかったのですが、その時の眼科部長がカルテを見て感想として、「そういう状態であるので非常に視力が悪かった」というコメントを付けていただいたのですが、それも認められませんでした。

社会保険審査会に提出した最後の資料として、私の主治医でした先生は開業していらして、それも運がいいといえば運がいいことに、私のいとこの努力で開業先が調べられまして、その先生に最後の決め手となった診断書を書いていただきました。それを読ませていただきます。

「左の視力は、角膜の混濁と穿孔により眼前手動弁」。眼前手動弁は、目の前で手を振りますね、これが振っているかどうかがわかるぐらいの視力。その時はまだ左目は生きていましたので、そのぐらいでした。「両目の視力は、診察室内の約2メートル離れた地点で指の数を判別できるかどうか程度の視

●注5　社会保険事務所
社会保険事務所は、厚生労働省設置法に基づき設置された国の出先機関で、全国に329の社会保険事務所が設置されている。所管は厚生労働省の外局である社会保険庁。47都道府県ごとに設置されている地方社会保険事務局の統括の下に、健康保険法、厚生年金保険法、国民年金法、船員保険法等の事務や年金相談を行っている。また、年金の相談先として、東京都杉並区に中央年金相談センターが設置されているほか、全国に63の年金相談センターが設置され、厚生年金保険、国民年金、船員保険の年金相談に当たっている（社会保険事務所等の数は平成18年4月現在）。

力。これは大体０・０４でした。従って、右視力は０・０５以下と考えます」。これを最後の診断書として書いていただきました。

5 社会保険審査会

社会保険審査会でのやり取りで私が非常に感激した言葉がございます。

審査員の先生で精神科のお医者さんがいらしていました。その時の、次頁図５に書いてありました審査会での技官は医者ですが、私は目の障害なのにどういうわけか外科の医師が来ていました。その審査員の先生が「スティーブンス・ジョンソン症候群の病気を説明してください」とおっしゃった時に、担当の技官はとんでもないことをおっしゃいました。私たちは遺伝性ではないと言われているのに、「薬のアレルギーで、遺伝プラスアルファの要因がある」。遺伝ということはどこの論文にも出てきていないのに、そういうことをおっしゃいました。そういう技官が私たちのこういうことを審査しているのかと思ってがっかりしたことを今でも覚えています。

一方、審査員の先生は、私の病気をすごくご存じだったと思うのですが、急性期に視力の記録がないことに対して、このようなことをおっしゃいました。「家が火事のような状況で、そういうときに電話番号を聞くような消防士はいないと思う」。まさにそういうことで、私の主治医は目の痛みと穿孔から私を守るために一生懸命その治療に専念して、とにかく視力を測るなんてとんでもないことだった。私は当時、視力を測る気力もなかったのです。その審査員の先生はそうおっしゃってくださいました。

図５ 社会保険審査会の公開審理

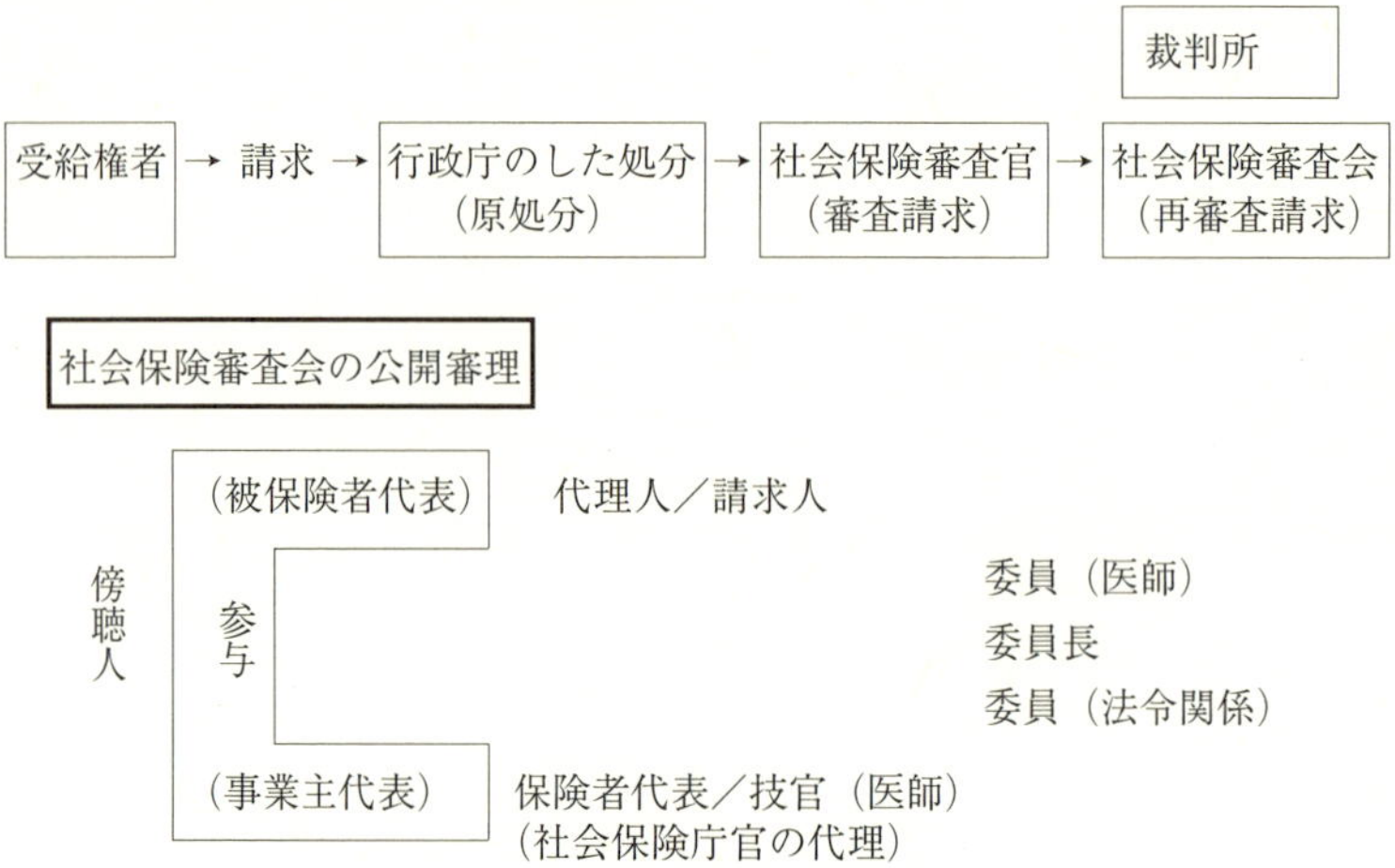

＊ 社会保険審査会の委員である医師と保険者代表である医師

公開審理には、２人の医師、すなわち、社会保険審査会の委員である医師と保険者代表である医師が参加する（図５）が、その立場は大きく異なる。

委員である医師は、社会保険審査会の委員長及び他の委員と同様に、衆参両議院の同意を得て、厚生労働大臣によって特別職として任命され、再審査請求又は審査請求を取り扱う。これに対して、保険者代表である医師は、行政職の国家公務員として社会保険庁長官によって採用され、日常的には障害の認定業務に当たり、公開審理が行われる場合には保険者代表として参加する。また、それぞれの職務に当たっては、委員である医師は、法令には拘束されるが、通達（例えば障害認定基準）や行政解釈、行政指導には拘束されず、独立してその職務を行うのに対して、保険者代表である医師は、国家公務員として、法令はもとより通達や行政解釈、行政指導の拘束を受けて業務を行う。

スティーブンス・ジョンソン症候群は１００万人に１人から5人という発症率です。そのことに対して、私の主治医は診断書を出してくださって、これが信じられないのかというようなコメントで、「こういう患者さんをお預かりしますと、恐らく一生忘れられない医師としての経験になっていくのではないかと思う」と。医者でもこの病気を経験するのは本当に数少ないと思います。そして、「世界中に主治医の診断書以外に信用できる診断書はあるのですか」と審査委員の先生に最後におっしゃっていただきました。

私はその時は病気になってもう10年たっていましたから、病気のことで振り返るようなことはありませんでしたが、私の気持ちをすごく理解してくださった先生のこの言葉に非常に感激したことを覚えています。

このことで私は視力の記録はないけれども、障害認定日に確かに国民年金の障害基礎年金受給に値するという裁決を受けられました。

6　社会保険制度を障害者が平等に活用できる制度に

日本の社会保障制度は全部、残念ながら本人が申請しなければいけません。そのためにはいかにしてそういう制度があるかという情報を得ることですが、私たち視力障害者にとって文字でそういう情報を得ることは全くできません。この情報をいかに得るかがこれからの課題になってくると思っています。

そして非常にまれな病気ですので、そのことを審査員の先生がその病気を知ってくださったという、ある意味での運、それと、私の主治医を探すにもいとこがかかわっていたということ。私は運にも大きく恵まれました。しかし、こういうことは「運が良かったね」だけで片付けられない問題だと思います。平等にすべての障害者が受けられるべき制度だと思います。こういう社会保障制度があるだけでは意味がなくて、それを全部の障害者がうまくきちんと活用できていくことが本当の社会保障制度だと強く思います。

障害者自立支援法案が国会の委員会で通りました。私たち視力障害者はたくさんいるのですが、普通の人が道を歩くのにも障害者はお金を払って歩かなければいけないという問題も抱えています。

ですので、橋本先生のご意見を伺って、私たちにとって素晴らしい会になることをお願いしまして、つたない説明で申し訳ありませんが、私の話とさせていただきます。ご清聴ありがとうございました。

橋本　ありがとうございました。湯浅さんは今、社会保険の関係も含めて同じような病気に悩んでいる方の相談役をされていますので、後半でお話をうかがいたいと思います。

湯浅さんは「運だ」とおっしゃいましたが、お話ししましたように、その当時のカルテ、それに代わるものが障害年金の場合には大きな決め手になってきます。カルテはご存じのように5年間しか保存期間がない。その辺が大きな矛盾になっているところで、あとから青木社会保険労務士からご指摘があるかと思います。

では、続けて池原弁護士からお願いいたします。

シンポジウム報告2

弁護士からみた障害年金

池原　毅和（弁護士・学生無年金訴訟弁護団、
全国精神障害者家族連合会 顧問弁護士）

弁護士の池原と申します。普段は、「全国精神障害者家族連合会」、精神障害の方の「家族の会」のいろいろな法律相談をお受けするのが一番大きな仕事です。障害のある人の問題の中でも、どちらかというと精神の障害の人の方からアプローチを始めたという経緯かもしれません。

実は、橋本先生と偶然知り合ったのは、アメリカのカリフォルニアに精神障害の人や障害者の問題を勉強に行こうと思って行った時に、ちょうど先生がカリフォルニア州立大学バークレー校にいらした時期で、そこで知り合いました。

アメリカでは、障害のある人たちの自立生活運動が歴史的に展開されていて、そんなこともあって、今から10年以上も前の話ですが、ほかの障害一般の人たちの問題にもかかわり始めて、現在は特に精神障害だけに限定しているわけではありません。

ただ、そういう経緯もあるので、私は今日ここで学生無年金（注６）障害者の裁判について少しお話をしようと思います。

精神の障害の人、身体の障害の人、いろいろな障害の方の中には学生時代に障害が起きてしまって、かつ学生という特殊な立場から制度のはざまに入って、無年金になってしまったという人たちが数多く存在します。そういう人の裁判を担当してきました。

しかし、振り返りますと、この裁判は平成13年に起こした裁判でして、その裁判に先立って審査請求、再審査請求という行政不服申し立てをしていますので、かれこれ7年、平成10年ぐらいからやってきていることになるかもしれません。この「学生無年金訴訟」を大きく分けて三つの観点からお話ししたいと思います。

一つは、「憲法訴訟」（注7）としての学生無年金者訴訟という問題。もう一つは、「初診日」という問題にかかわる無年金の問題。三つ目は、そういう不服申し立てとか裁判を障害を持っている当事者の方が進めていくことの困難

●注６　学生無年金
従来、20歳を過ぎても学生のうちは国民年金への加入は任意であったため、未加入の間に障害状態となり、資格要件が不足しているために、障害年金を受給できない無年金者障害者を生むこととなった。平成3年4月より学生も強制加入となり、平成12年には学生の保険料納付特例制度が設けられたことにより、無年金者を生まない仕組みとなっている。

さについてお話をしてみたい。

１　「憲法問題」としての学生無年金者問題

最初に、憲法訴訟というか、憲法問題としての学生障害者年金無年金問題です。これは全国各地で平成13年に裁判を起こしまして、最初、東京地裁は憲法違反を認めて、われわれの側に勝訴判決を出している。それに引き続いて、新潟地方裁判所も憲法違反の判断を示した。さらに続いて、広島地方裁判所も憲法違反の判断を下しました。

そのあと、残念ながら東京地裁の違憲判断に国が控訴して、東京高裁に係属して、東京高裁は一審の判決を覆しまして、憲法違反ではないという判断を下した。その結果、その後は、残念ながら全国各地で起こっている地裁の裁判については、憲法違反ではないという判断がずっと続いてしまっている。

私自身が担当している、精神の障害の方の無年金訴訟も実は今月27日に東京地裁で判決がありますが、どのような判断が下されるか非常に注目される

●注７　憲法訴訟
憲法訴訟とは、一般的に、個別の争訟において、争いの内容が憲法に違反するかどうかの判断を含んでいるものをいう。法令等が憲法の趣旨に合致しているかを判断する違憲立法審査やその手続きをとらずに、通常の裁判内で付随的に違憲性が問われるものであり、裁判所の判断も必要な範囲内にとどまる。

ところです。なかなか東京高裁の判断を覆すところまで至るかどうかは疑問があるかもしれません。この憲法問題を考えるときに三つぐらいの観点があると思います。

(1)「立法不作為」の観点

一つは立法不作為という問題です。

任意加入の問題

実は国民年金法は昭和34年につくられた当時に、20歳を過ぎて学生である者については強制加入の対象にしない。厳密に言えば「強制適用」と言うそうですが、強制的に国民年金に入らなければいけないという前提をとらないで、任意加入です。つまり、入りたければ入ってよろしい。でも、特に入ろうとしない限りは年金に入らない状態にあることになります。

そういう任意加入という制度を置いてしまったために、若い方が多いのですが、私の世代、大体40代後半から50代ぐらいの昭和30年代後半から40年代に学生になっていた人たちの98％以上は国民年金に加入していませんでした。残念ながら、加入できることも知らない状態でした。

私は学生時代に障害を負わなかったからよかったのですが、例えば体育の時間に頚椎を骨折してしまって身体に障害を負う、あるいは友達とドライブに行って交通事故で障害を負ってしまう、あるいは精神障害の病気がそのころに発病してしまうことになりますと、無年金が発生してしまうことになる。いわば、当時の学生は完全に無防備な状態に置かれていたわけです。

実は、裁判をやっていてこっけいだと思うのですが、恐らく担当している裁判官も学生時代に年金に加入していなかったはずです。学生で加入しているのは極めてまれでした。

では、何で学生を強制加入にしないで、任意加入の状態にしておいたのか。国側の立法趣旨の説明では、学生は稼得能力がない。要するに仕事をしていないのだから、自分で年金を納めるだけの力がないだろう。生計的に稼得能力のない人に国民年金法を強制的に適用して納付金を徴収することは酷だから、原則として適用しないで、どうしても入りたい人だけ入ってもよろしい、とした。

従って、任意加入するためには必ず年金を納めなければいけない。免除（注8）という制度は存在していなかったわけです。ですから、本当に国民年金に加

●注8　免除
保険料納付が困難な低所得者に対する措置として、国民年金の第1号被保険者にのみ適用される制度。その性質上、次の三つに分けられ、いずれも追納が可能。
①法定免除制度
要件に該当すれば法律上当然に保険料が全額免除される制度。1級・2級の障害年金の受給権者や生活保護法による生活扶助を受けている者などが該当し、届出のみすれば足りる。
②申請免除制度
所得が一定額を下回る場合は、申請により保険料が免除される制度。本人だけでなく、配偶者や世帯主のいずれかについても同要件に該当しなければならず、所得金額により、全額を免除するものと半額を免除するものがある。平成18年7月からは、新たに4分の

入しようと思うのであれば、当時は任意加入をして、かつ年金の掛け金を納付しなければいけない。そうすると、例えば地方から東京の大学に子供を進学させて、学費もかかるし下宿代もかかる、その上、年金まで払わなければいけないとなると、現実に任意加入制度を知っていても年金に加入することはかなり困難だったという状況もありました。

そういうことで、情報が不十分であったり、制度的にも現実的になかなか年金を納めることが難しいという状態があって、大多数の、ほとんど１００％近い学生が国民年金に加入しないままの状態でした。

従って、私たちがやっている裁判の原告になっている人たちは、先ほど申し上げたように交通事故で障害を負ったとか、あるいは体育の時間に障害を負ってしまったとか、精神障害になってしまったという方が出てきたわけです。

それは考えてみますと、本当は、年金制度を作るときに、そういうことが起こり得ることは想定可能であった。最近はやりの言葉で言えば、想定の範囲内の事柄です。

実は、窓口業務でも、ある原告の人はわざわざ区役所の窓口まで行って、

1免除及び4分の3免除が追加され、都合4段階の免除制度となった。

③**納付特例制度**

若年者の未加入・未納対策として新たにできた制度。後に追納することを期待して、申請することにより、学生期間中は保険料納付を要しないとする「学生納付特例制度」（平成12年改正で創設）と、平成27年6月までの時限措置として、30歳未満の第1号被保険者の保険料納付を猶予する「若齢者納付猶予制度」（平成16年改正で創設）がある。ただし、これらは、将来保険料の追納しなければ、年金額には反映されない。

なお、学生納付特例及び若齢者納付猶の期間中に、障害となったり死亡した場合には、障害基礎年金又は遺族基礎年金が保障される。

「国民年金に入りたいのですけど」と言ったら、「あなたは学生だし、卒業すれば多分厚生年金に入るのだから、無駄になってしまうからやめておいたほうがいいですよ」という指導〔いわゆる**通算制度**（注9）〕をしたところもあったという話もエピソードとしてあります。だから、全く大多数の人は入っていないわけですね。

●注9　**通算制度**
昭和36年に国民皆年金体制になってから、昭和61年に基礎年金制度が導入されるまでの間、複数の年金制度を渡り歩いた結果、いずれの年金制度からも受給資格を得られないことのないよう、各年金制度の加入期間を通算できるようにした制度。なお、通算の対象となった年金制度は、国民年金、厚生年金保険、船員保険、国家公務員共済組合、市町村共済組合、私立学校教職員共済組合、公共企業体職員等共済組合、農林漁業団体職員共済組合の8つ。

不平等拡大を放置していた責任

しかし、必ずある一定の割合で、例えば10万人単位の人口に対して障害のある人が何％ぐらい発生するかは統計的に明らかですから、法律を作った時から学生の障害無年金者が生じることはよく考えればわかったことだった。ですから、われわれの裁判の中では「立法不作為」と言っています。不作為という言葉は少し難しいですが、何もしないでほったらかしにしておくという意味です。つまり直さなければいけないものを直さない状態に放置しておく、それを不作為と理解していいと思います。

本当は国民年金法を昭和34年に作った時に、作る行為の中にそもそも間違いがあった。だから、不作為ではなくて、むしろ最初から間違ったものを作ったと言ってもいいかもしれないという主張も少ししています。しかし、さすがに昭和34年当時に大学生はそんなに数は多くなかった。従って、学生の障害無年金者が発生するという数はそんなに多くなかった。だから、最初から間違いがあったというのは、立法者に対して酷な要求かもしれない。

しかし、そういう法律を5年、10年、15年使ってみているうちに、学生の障害無年金者が発生するという事実は認識可能でしたから、従って、ある時期まで来たら当然、国は「ここに穴が開いているからふさがなければいけない」と考えなければいけなかった。それをしなかった。つまり、それを不作為と言うわけです。それが憲法に違反している。本来は、国がそういう不平等な結果が生じないようにする措置をとらなければいけないのに、不平等がどんどん拡大していくのを放置していたという責任があるだろう。それが立法不作為の本質的なことです。

裁判所の判決

これが、東京地裁の最初の判決では、昭和60年の年金法改正の時には少なくともその時点で十分に認識できたし、改正する必要性があった。なのに直さなかったから憲法違反だということを証明したわけです。しかし残念ながら、東京高裁以降の判決では「多少の格差はあったかもしれない。しかしそれは国会、立法府の裁量の範囲内というか、いろいろなことを勘案して判断する許容範囲の中の問題であって、憲法違反とまで言うべき状態ではないだろう」という判断になってしまった。

そこに加味されている要素は、もともと国民年金法は老齢に備えることを想定して基本設計をしているので、障害年金は付加的に付けているものだから、その障害年金制度をどのようにするかはかなり広範な裁量が許される。そのような傍論、横に添える説明として付け加えられています。現在、一番先をいっている裁判は、東京地裁と高裁で負けた判決が今、最高裁に上告中ですので、これについて最高裁がどのような判断を下すか、非常に興味を引かれるところです。

最高裁の判例では、実は立法不作為については一義的に誤りであることが明白である、つまり、憲法の条文の要求からしてこのような法律を作らなければいけないということが一義的、こういうことをすることが誰の目にも明らかだというときは立法不作為は憲法違反になるということで非常に狭い。逆に言うと、日本の最高裁は立法府にすごく遠慮している。要するに国会がやることに基本的には口を差し挟まないという、「司法消極主義という態度を貫いてきているので、果たして最高裁がどう判断するかは注意をしていかなければいけないことだと思います。

(2) 国民の所得保障の枠組み問題

憲法問題の2番目です。そもそも障害のある国民の所得保障をどういう枠組みで考えていったらいいのか。これも、この裁判の実質的な大きな問題です。というのは、国が裁判の中で「障害年金はもらえないかもしれないけれども、**生活保護**（注10）が最終的にはもらえるのならば、それでいいではないか。だから、実質的に原告はそんなに困っていないでしょう」という論拠も提示しています。

しかし、これは特に精神障害の人について言うと、生活保護があれば足りるのか、障害年金をもらえることに合理的な意味があるのか。それは非常に大きな問題です。

私が担当している原告の方々には、仕事をして例えば月に16万円とか17万円というお金を稼げるだけの力が残念ながらありません。そうすると、彼らは生活保護をもらいながら細々とアルバイトをしますと、月に7万円とか8万円ぐらい得られる可能性はあります。しかし、もし生活保護をもらいながら7万円アルバイトをすると、アルバイトした分は生活保護費が削られて、東京ですと全体として15万円に収まっています。

●注10　生活保護
戦後の民主化政策として、昭和25年に生活保護法が施行された。憲法25条の生存権保障規定に基づき、最低限度の生活が営めない低所得世帯または個人に対して生活保護費を支給するなど、国が生活、教育、住宅、医療、出産、生業、葬祭の７つの部面において扶助することを規定している。保護基準は、世帯構成や世帯員の年齢、性別、地域など個々の事情を勘案して、具体的に決められる。

働く立場からすると、病気を負いながら病気が悪くならないように、ストレスがかかり過ぎないようにと思って、体にも注意しながら一生懸命仕事をした成果は、実は何もしないで生活保護をもらっているときと結果として同じです。一生懸命働いて７万円を手に入れると、足りない分の８万円が生活保護から出る。いっぽう何もしないでいると、15万円が生活保護から出る。そうなると、何のために自分は働いているのだろうと情としては率直に感じてしまいます。

ところが、これが障害年金をもらっている人だと、例えば８万円とか９万円の障害年金をもらって、もし８万円の仕事をすると、自分の全体の収入は16万円になります。そうすると、仕事をした分だけ、自分の生活を自分の力で豊かにしたという実感を持てる。あるいは、もし10万円の仕事をすれば障害年金と合わせて17万円とか18万円の所得が得られることになって、自分が仕事をして生活を支えたという実感が確実に大きくなる。

そういう意味で、やはり単純に生活保護がもらえればいいじゃないかという議論はやや乱暴な議論で、もう少し、障害年金とナショナル・ミニマムを支える生活保護との関係をよく整理したり考えていく必要があるのではないか。

そういうことで、その裁判の中では、憲法違反という論点とはやや違いますが、憲法25条の要求する所得保障とはどういうものであるべきかという議論があります。

(3)　マイノリティの最低限の利益は誰が守るのか　―裁判所の責任・役割

最後の３番目は、これはまた立法不作為の問題にやや逆戻りしますが、いろいろな障害のある人の「年金訴訟」あるいは「人権に関する裁判」をわれわれがこれから起こしているときに、裁判所がどういう役割を果たすべきかが大きく問われてきます。

といいますのは、公式な統計では日本に障害のある人が大体６００万人ちょっといるとなっています。正式な統計の数字として１億２千万人の中に６００万で、７００万人を超えていないと思います。もちろん、その家族とか関係者を含めれば、それなりの一大勢力ですが、障害を持っている人たちは決してマジョリティ、多数派ではないわけです。

ですから、最近の国会の状況を見てもおわかりのように、多数決が機能する領域では、多数派ではない障害のある人の意見はどうしても通りにくい。国の政治に反映させるといっても結局少数派になってしまってできない。そうすると、そういう少数派の意見とか守ってもらわなければいけない最低限の利益は誰が守るのか。それは憲法の人権規定に基づいて、多数派が何と言おうとこれは侵してはいけない最低限の利益だ、人間としての尊厳だと認める、保障することが必要です。本当はそれを保障すべき立場にあるのが裁判所です。

つまり、多数決では常に排斥されてしまうけれど、多数決をもってしても奪ってはいけない人間の尊厳や最低限の利益を保障するための役割を担っているのが裁判所ですから、この領域の問題について裁判所はもっと鋭敏に積極的に動いてもらわないと、国全体の動きとしては正しくないと私は思います。恐らく憲法学的な理解ではそのように考えてよろしいだろう。ただ残念ながら、最初に申し上げたように、日本の裁判所は非常に謙虚というか抑制的というか消極的で、国会の裁量で決められている。基本的には内閣の裁量によって決める。本当にやむにやまれないときだけ、裁判所は一言「間違いではありませんか？」と言う程度が、日本の今までの戦後の裁判所の動きです。やはり、障害者問題についてはもう少し裁判所に、裁判所の役割を自覚してもらうような動きが必要ではないかと思います。

2　「初診日」問題

初診日（注11）問題が2番目の大きな柱です。

今、東京の精神障害の人の地方裁判所の判決に期待しているのは、「初診日問題」を裁判所がどう判断するかということです。初診日問題についての判断はいくつか学生無年金裁判の中で出てきています。

東京地方裁判所の「初診日」についての判決

一つは、東京の身体障害の人の裁判で、つぎのように「初診日」を見ています。

その人は、特殊な脳腫瘍を持って、学生の時にその脳腫瘍が非常に大きくなって意識不明状態になって身体障害になってしまった。ただ、この人は高校1年生の時に眼科にかかっています。仮性近視で視力が落ちてきたと眼科の病院に行った。それを、裁判になってそのお父さんが一生懸命頑張って、お医者さんにいろいろと分析してもらいました。

言うまでもなく、がん細胞は細胞分裂して増えていきます。1個が2個、2個が4個、4個が8個と増えていきますね。そうすると逆算していくと、現在のがん細胞の細胞数から最初の1個の細胞が発生した時期を推定できるわけです。つまり今8個あったとしたら、2倍になるのにどれだけの時間がかかったかを計算して、逆算すると1個だったのいつだったかがわかります。そして、その高校のころにすでに脳の中に脳腫瘍が発生していたことが科学的に証明できました。

●注11　初診日

障害年金の受給要件を考える際の「初診日」とは、条文上「疾病にかかり又は負傷し、かつ、その疾病又は負傷及びこれに起因する疾病（傷病）について初めて医師又は歯科医師の診療を受けた日」であり、この時点で国民年金の被保険者等であることが求められる。また、初診日は、障害認定日の起算日や保険料納付要件の基準日であるなど、障害年金制度上極めて重要な意義がある。現行の障害年金制度が「初診日主義」といわれるのはこのためである。

東京の地方裁判所は、この人については憲法違反問題を言うまでもなく、高校生の時に眼科に視力検査に行ったのは、結局は仮性近視ではなくて脳腫瘍の最初の影響が出ていたと認定して、「初診日」だと考えた。

初診日は、その障害の原因となった傷病について、最初に医師または歯科医師の診療を受けた日という定義になっています。脳外科に行ったり、脳神経内科に行ったわけではなくて、眼科に行ったのだけれど、それは別に目の治療で行ったのではなくて、実は脳腫瘍の初期症状としての初診に相当するという解釈だったわけです。ただ、これは初診日の解釈としては、必ずしもそんなに斬新な解釈ではなかったかもしれない。

従って、同じ共同原告になっていた、脳の中の血管の奇形に基づく障害を負った人については、その脳の血管の奇形は恐らく生まれてまもなく発生していたであろうと推定されました。しかし、その事実に明確な医学的裏付けがなかったことと、そのことについて医者にかかったという記録がなかったので、その人については初診日を否定して、敗訴するという結果になりました。

福岡地方裁判所の「初診日」についての判決

昨年か今年、正確な日付は忘れましたが、同じ学生無年金訴訟が福岡であって、福岡の統合失調症の人について比較的面白い判断が出ました。

この判断は、「初診日」は、その病気について医師または歯科医師の診療を受けた日でなければいけないという前提は少なくとも崩していないのですが、この原告についてはカルテも何もなくなっています。つまり、客観的な時間の流れから見たとき、当時作られていたはずの記録はすべて失われている。

ただ、ご本人とご家族の陳述書、確かにこういうことがあってそこに通っていましたという証言があって、行ったという医者のほうでも確かにそれを受けたという証言をしてくれていた。それ以外のいくつかの証拠が、その言っていることと矛盾していない。多分、証拠の認定として、残された証拠とか証言を総合すると多分、確かに高校時代にある特定の内科のお医者さんに「夜、よく眠れない」と言って、病院に行って薬をもらってきただろうと推定しました。

そこから先は結構ラフな認定ですが、不眠というのは統合失調症の比較的初期に現れる症状だから、多分、統合失調症についての最初の症状がその時に出ていて、内科の医者に行ったのだろうという事実を認定して、初診日だという認定をしたわけです。

だから、これは法律の要件自体は解釈を変えていないのですが、絶対にカルテがなければいけないとか、あるいは客観的な資料がなければいけないということをかなり緩めて、周りの人の証言である程度合理的に推認できればいいという認定の仕方をしています。

特例法による無年金障害者についての「初診日」認定

実は最近、学生無年金訴訟のあとで、特例法を作って無年金障害者になった人については、年金額の半分ぐらいですが給付金（注12）がもらえるという法律ができました。この法律の認定を最近うかがうと、20年前とか30年前の話を前提にするので当然カルテはなくなってしまっていますから、信頼のおける第三者証人2人の証言があれば、その医療機関への受診の事実を認めるという運用がされるようになってきたということです。

直接確認していませんが、ある障害者団体の方から漏れ聞いたところです。少し面白い認定の仕方だと思います。

専門医の診療を受けていないのに「初診日」を認定した事例

私が担当した東京の事件はもっと状況が悪くて、実はお医者さんにまったく行っていない。だから、「医師または歯科医師の診療を受けたこと」を要件にするとすれば、どう頑張っても初診日は認めてもらえない。ただ、その関

●注12　特別障害者給付金
平成3年3月以前の学生及び昭和61年3月以前の被用者等の配偶者（サラリーマンの妻）は国民年金の任意加入の対象であった。このため、これらの人が任意加入していなかった期間内に初診日がある傷病によって障害基礎年金の1級、2級相当の障害の状態にある人でも、受給要件を満たさないことから、障害基礎年金が支給されなかった。その後、学生無年金訴訟などの判決を契機に、平成16年に、「特定障害者に対する特別障害給付金に関する法律」が施行され、福祉的な措置としての「特別障害給付金制度」創設された。この特別障害給付金は、65歳に達する日の前日までに当該障害の状態に該当すれば申請によって支給されるが、障害基礎年金、障害厚生年金、障害共済年金などを受給でき

係で今までの先例を調べてみると、平成10年よりも少し前だったと思いますが、社会保険審査会の再審査請求の事例で、同じ統合失調の人ですが、専門医の診療を受けるべき状態にあったと認められれば、初診日があるとしてよいという判断が出ています。そのあと国は裁判所に不服申し立てをしていないので、判断として確定しています。

どういうことかというと、その人の場合も実際にはお医者さんに行っていなかったのですが、専門医の診療を受けるべき状態にあったことが、あとから現在の病状からさかのぼってみると、あるいは当時の家族とか本人の状況の話を聞いてみると、多分その時に警察官が来ていろいろな問題が起こったりとか、学校に行かなくなったりとか、いろいろな変な言動が出てきたりということで、専門医の診療を受けるべき状態にあったと認められたので、初診日があるという話です。これは非常に一歩踏み出した判断で、現実にお医者さんに行っていなくてもいいということです。

平成8年に社会保険庁で開いている障害認定医の専門家会議があって、そこでの発言録の中に、国側の答弁として、「精神障害の初診日については、発

る人はこの制度の対象とならない。

支給額は、障害基礎年金よりも低額な、障害基礎年金の1級に相当する人は月額5万円（2級相当の1・25倍）、2級に相当する人は月額4万円。請求の窓口は、住所地の市区役所・町村役場。

病日をもって初診日としていいという取り扱いとしていただきたい」という答申が出ていた。さらに言うと、最近国が裁判の中で弁明しているのが、「知的障害については厳密に初診日を要求していないが、それは先天的な障害であることが明らかであるから、わざわざ初診日を要求しなくてもいい」という答弁をしています。

そういうことを総合すると、今回、地裁の判決に期待しているのは、20歳前に発病していること、あるいは20歳前に専門医の診察を受けるべき状態にあることが事後的にせよ明らかに証明できるというケースについては、現実には医師・歯科医師の診療を受けていなくてもよしとする判断を裁判所が出してくれないかと期待しています。それが2番目です。

3　裁判手続、権利擁護手続へのバックアップの緊急性

3番目に申し上げたかったのは、この学生無年金の裁判を最初の手続からすると、すでに7年間ぐらいやっています。精神障害の人がこういうことをずっと7年間も続けていくことは非常に困難です。実際に、最初に「無年金」の訴えをやっていきましょうと集まったグループの精神障害の人の10人のうち8人は途中で、ストレスで耐えられないからとてもやっていけませんと、脱落してやめていくわけです。

病気を悪くしてまで裁判をしてもしょうがないからということでやめてしまう。

だから、こういう障害のある人たちの裁判手続、権利擁護手続を進めていくときに、どういうふうに精神的にも経済的にもいろいろな部分でバックアップしてあげるかが非常に大事なことです。それがないまま、ただ、裁判をやりましょう、だけでは現実にはなかなか先に進めないところがあります。若い皆さんの協力を得られるといいなと思っております。

橋本 すごく重要なところなので、あとの時間でまたぜひ補足していただきたいと思います。「学生無年金」については皆さんに資料をだいぶ付けております。私のゼミの学生が努力して作成した資料です。裁判の合憲とか判断の基準等も書いてございますので、あとで休憩時間にお読みいただいて後半の討議に参加していただければと思います。

初診日、いつが初診かというのは、バイクで引っ繰り返ったというような場合ははっきりしています。しかし統合失調症とか、今お話があったように長い潜伏期間があるような場合の初診は大変難しい、証明も難しい。そこがどうなっていくか、それは青木さんからも指摘があるところだと思います。

また、当該「初診」ということは、その疾病と障害について相当因果関係がないと認められないということがありますので、その辺の理解も議論の中で深めていただきたいと思います。

一言だけ付け加えますと、池原先生は国民年金の学生無年金についてみんな知らなかったとおっしゃいますが、世代が上の私はよく知っていました。私は学生時代から社会保障に興味を持っていたからかもしれませんが、よく知っていて、保険料は財政投融資に回るから、あんなものには入るなとみんなにいっていました。社会運動もそういう方向にありました。そういう時代にあった人がそのことにどういう責任を感じているのか。自分でも解決できないでいますが、心にかかっている問題であることをこの際自白しておきたいと思います。

いろいろなご意見があると思います。後半でまた皆さんのお話をうかがいたいと思います。続きまして、青木さんからよろしくお願いいたします。

シンポジウム報告３

障害年金の受給が難しいのはなぜか ――障害者支援

青木久馬 （社会保険労務士）

社会保険労務士の青木でございます。私は実務家の立場ですので、少々立ち入ったこともお話ししたいと思っています。

１ 我が国の障害年金制度の実態

まず、わが国の実態を申し上げます。平成13年度の統計によります。５年に１回しか障害の調査をしませんので、次は18年度になります。

身体障害・知的障害・精神障害を合わせて全体で５８０万人強です。これに対して、障害年金を受けている人は何人かというと約１８０万人です。この差は４００万人です。

実際に障害を持っている人と、年金を受けられることの条件は厳密には重なりませんので、４００万人の人はほったらかされているのかということにはなりませんが、この差はかなり大きいと認識せざるを得ないと思います。

次に、年金には三つあります。先ほどの湯浅さんのお話にもありましたように、年金というと老齢年金しかないと思っていらっしゃる。しかし、そのほかに遺族年金と、今日の話の障害年金がある。三つの年金を比べますとシェアが一番低いのは障害年金です。全体の４・５％です。老齢年金は84・1％、遺族年金は11・５％で、それに比べて多いか少ないか、はっきり言えませんけれど、もっと多くていいのではないかという気がします。

２　障害年金の受給者はなぜ少ないか　―初診日の壁

実際には、障害年金を受給できにくくしている仕組があると私は言いたい。

先ほどから出ておりますように、初診日の問題がクローズアップされておりますが、諸悪の根源は初診日と言わざるを得ない。私は断定してはばかりません。「諸悪の根源」ということを私は取り消しません。

「初診日」の問題については二つの違いがあります。一つは法律に定められた範囲、もう一つは法律に定められていないのに、国が初診日を曲解しているとしか思えない部分がある。この二重の壁が初診日にあると考えております。

(1) 法の壁

次図を見ながら具体的にご説明したいと思います。

「老齢年金」の受給要件（図1・次頁）

①保険料納税期間が25年以上あるか、②年齢が60歳に達しているか。この二つの要件が「老齢年金」の受給要件と言われるものです。年金には受給要件があります。

「遺族基礎年金」の受給要件（図2・次頁）

この方は20歳以降ずっと国民年金の保険料を納付されておりまして、27年後、47歳でお亡くなりになったという事例です。この場合には、やはり同じく黒い星印の所、①死亡のときに被保険者期間中の死亡であるか否か、②保険料納付済み期間が18年以上か、これは25年の3分の2です。そして、③死亡した人によって生計を維持されていた18歳未満の子がいるかどうか。

遺族基礎年金は昔の**母子年金**（注13・次頁）の流れをくんでいますので、まず子がいない、奥さんしか

図1 【老齢基礎年金】

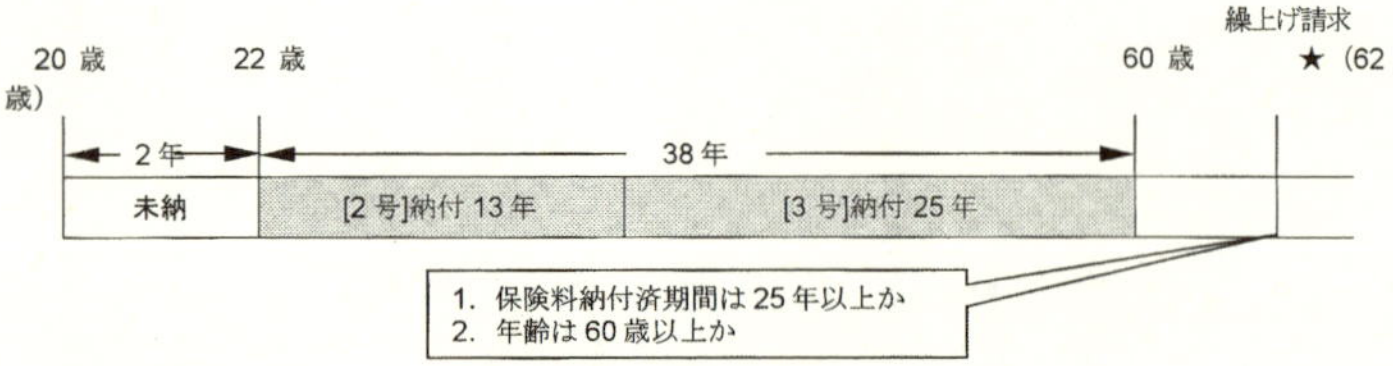

図2 【遺族基礎年金】

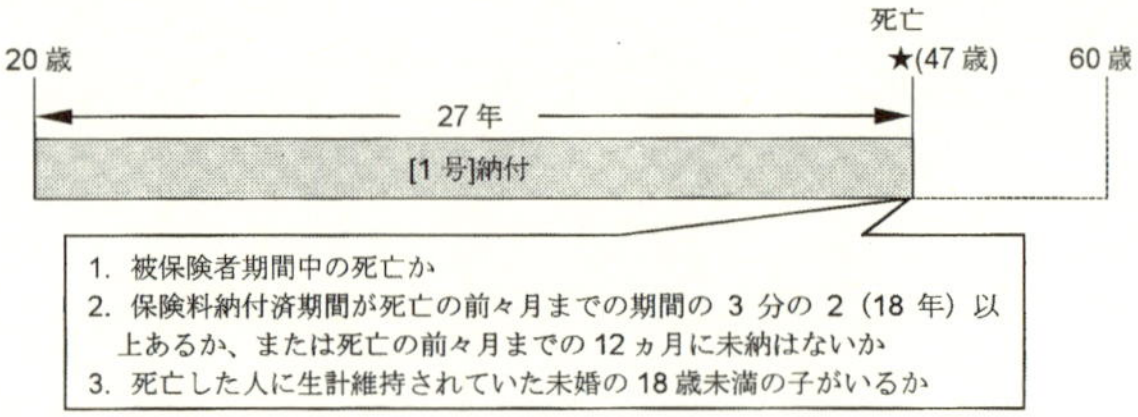

図3 【障害基礎年金】

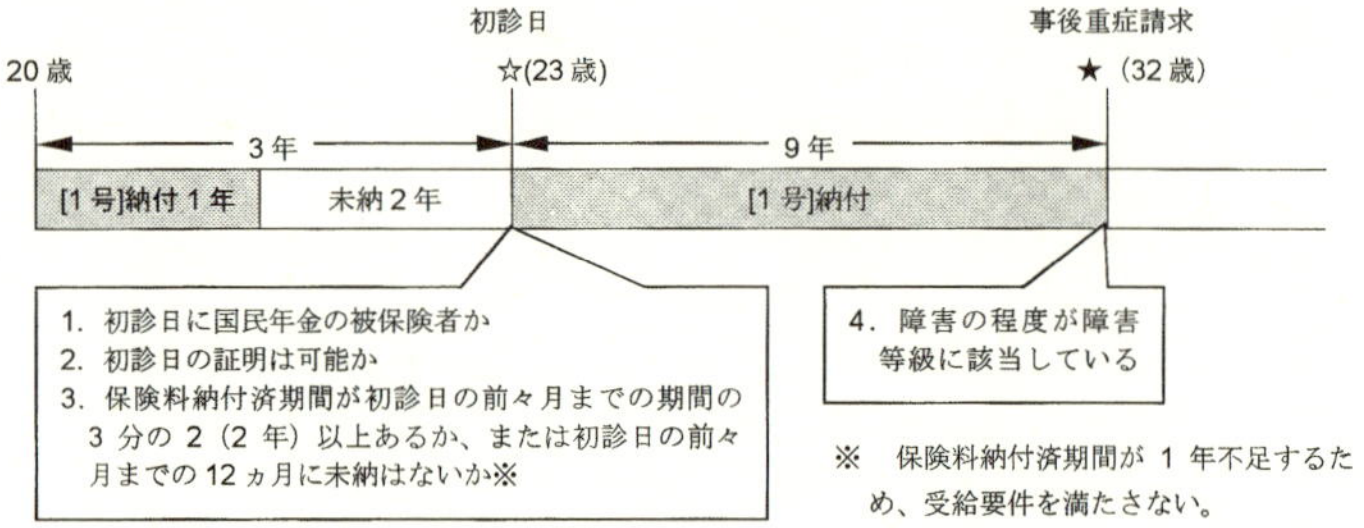

※ 図4にあるように、国は、表1の条文を、初診日後に納付された保険料納付済期間は除外して納付要件を算定するものと解釈し、表2の条文は、請求後に納付された保険料納付済期間でも除外されることはない、と解釈している。

●注13 母子年金

昭和61年の改正により、基礎年金制度が導入されるまでは、現在の「遺族基礎年金」に相当する年金給付として、「母子年金」「準母子年金」「遺児年金」があり、夫を亡くした子のある妻、またはその子の生活保障として、旧法適用者には現在も支給されている。新法でもこの考えを継承し、子を養育する必要のない妻は対象外となっている。

いないという家庭には遺族基礎年金はありません。死亡のときにこの三つの条件を全部一緒に判断することになっています。

ところが、図3の「**障害基礎年金**」を見てください。まず、この方は最初に国民年金の1号被保険者として納付したあと未納が2年続いた。2年続いている最中に初診日がありました。それが23歳です。障害の状態になったのが32歳、私どもの設定では9年後となっています。

先ほどから申し上げている黒い星印は、すべて保険事故発生ということでくくられます。保険事故というのは一般の保険でも言われることですね。火災保険で言えば火災が発生したこと、これが保険事故です。保険事故が発生したら必ず保険金が支払われる。年金の場合には保険金ではなくて年金が支払われるわけですから、保険事故発生の時点は、老齢で言えば60歳あるいは65歳、遺族年金で言えば死亡の日です。

同じことで言えば、障害年金の場合も同じく障害の状態になった日ということですが、ここで審査されるのは**障害等級**(注14)に該当するかどうかということだけです。

●**注14 障害等級**
障害等級は、障害年金の支給対象となる障害の程度を表すもので、重いほうから1級、2級、3級の3段階があり、障害等級によって年金額も異なる。障害等級1級及び2級は、国民年金、厚生年金保険に共通の等級であり、3級は障害手当金とともに厚生年金保険独自のもの。障害等級の各級の障害の状態は、障害等級1級及び2級については国民年金法施行令別表で、障害等級3級については厚生年金保険法施行令別表第1で、障害手当金については同施行令別表第2で、それぞれ定められている。

ほかの、保険料をどれだけ納付したか、そのときに保険に加入していたかどうかという判断は、**図3**でいえば23歳のとき、白い星印の初診日の横で見るわけです。つまり、**図3**にありますように、受給条件のうち三つまでを初診日でしか見ない。だから、保険事故が発生したときを基準にするのではないところが、「初診日主義」の一番の問題だと思ってください。

遺族、老齢の二年金は、保険事故発生時点（★）ですべての受給要件について審査するが、障害年金では、加入要件と保険料納付要件は初診日（☆）で行うことになっている。何故そのような制度にしたのか、理由は不明です。

これによって一体どういう不都合が起きるのかといいますと、保険料の未納が初診日前にあったとしたらどうなるかということです。**図3**のように、初診日から9年もたってしまったら保険料は納付できません。**保険料の納付の消滅時効**（注15）は2年ですから納付しようと思ってもできない。だから、もしも未納があったという場合には回復は永久にできません。

●注15
保険料納付の消滅時効
国民年金の毎月の保険料は、翌月の末日までに納付しなければならない（国民年金法第91条）。
また、保険料の徴収の権利は2年を経過したときは、時効によって消滅する（同第102条第2項）とされているので、2年を経過すると保険料は納付できない。経済的事情で納付できない場合には保険料免除の制度もある。いざ障害者となってしまったとき障害年金をもらえないということのないよう、早めの対応が肝要だ。

カルテが5年で廃棄される問題

もう一つの問題は、先ほどから出ていますようにカルテが廃棄されている可能性が高い。大体５年と言っていますが、実際には10年あるいは20年近く、私の記録では27年前のカルテが見つかった例があります。ですから、一概に10年、20年たったからといってカルテが手に入らないわけではないのですが、困難さは時間との競争になります。

そういうことで、初診日というはるかかなたの過去の問題で、すでに固まってしまったことを問われることは非常に不都合、不条理と言っていいことだと私は思っています。ただし、今申し上げたことはすべて法律に書かれています。だから、それに逆らうことはできません。しかし、あとで抵抗の方法があることをお話ししますが、これは法定の条件ですので、これに真正面からぶつかることは今のところは無理です。

(2) 法令とは無関係の壁

今度は、これにさらに追い打ちをかけるような、私に言わせれば法律の条文の曲解があると思います。これは今の例で言いますと、９年もたってしまって、もう時効にかかっている（注15）。保険料をどうしようもない。しかし、まだ2年以内に、初診日から1年以内に気がつけば、まだ望みがあるわけです。それは過去1年を埋められるということがあります。

このことの図解は図４に書いております。この場合は、20歳から1号被保険者として3年納付、それから未納が過去2年続いた。実際には未納が3年続いていたわけですね。26歳のときに初診があった。まもなく気がついたので過去2年分を支払って、少なくとも1年間はお願いしたという事例です。

ところが、濃いめの網掛けの上に「保険遡及納付」と書いてある部分がそれですが、これを無情にも、国は「なかったものとする」と言うわけです。保険料は納付に行ったら受け取らないのかというと、受け取るわけです。国は保険料徴収権を持っていまして、時効消滅しなければ当然のことのように保険料を受け取ります。にもかかわらず、障害年金の場合にはその部分をないことにするという。

私はここに持ってきているのですが、そういう事例でもって再審査請求がなされ、社会保険審査会で審査された事例があります。少し長いのですが、ここに引用します。

「初診日の前日の時点において、すでにこのただし書に該当しないという要件を満たしていることを要す」。これはややこしいのですが、保険料を規定ど

図４

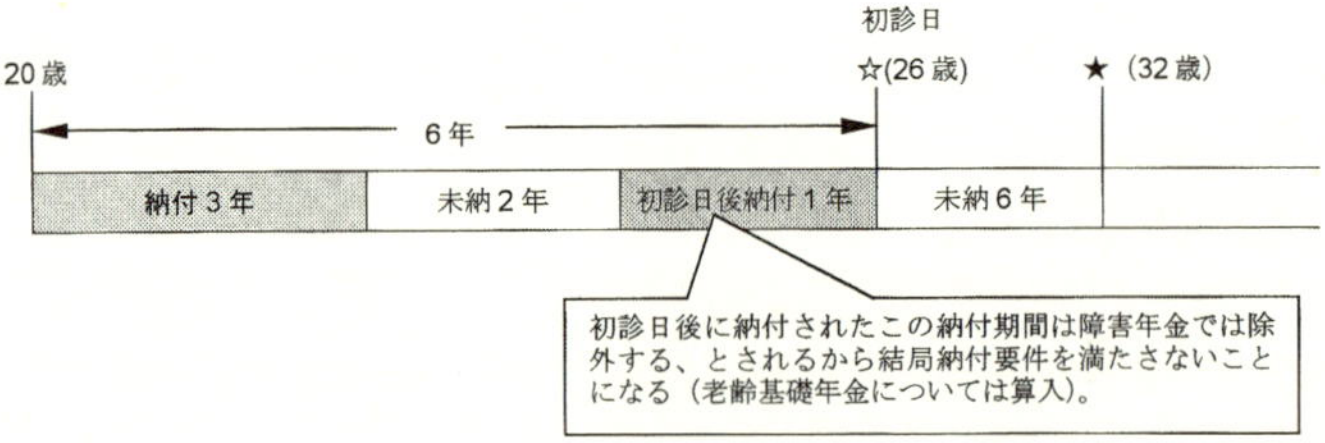
初診日
20歳
☆(26歳)
★（32歳）
6年
納付３年
未納２年
初診日後納付１年
未納６年
初診日後に納付されたこの納付期間は障害年金では除外する、とされるから結局納付要件を満たさないことになる（老齢基礎年金については算入)。

おり納めていることが必要ですということです。さかのぼって保険料を納付して初めて不足ではないとなる場合には、当然に除かれる。これは国民年金法30条の条文の解釈上明らかであると断じているわけです。

現場の社会保険事務所とか事務局の職員に言わせますと、もっとあけすけで、「逆選だろう」と言うのです。「逆選択になる」とか、よく言うのです。どういうことを逆選と言うのかというと、私の解釈ですと、年金は国からおまえたちに与えるものだ、それを自分たちのほうから条件をつくって「くださ い」と言うのは僭越である。そう言っているのだとしか、私には思えない。さらにもっとあけすけな例を言いますと、「火事になってから火災保険に入る」と言うわけです。これは私に言わせると非常に暴言であるとしか思えない。

それを図解したのが表1と表2です。これは、こんなによく似た条文があるという例として挙げています。今申し上げた法30条の但し書き(注16)、もう一つの表2は国民年金法附則9条の2、これは皆さんご存じの国民年金の老齢基礎年金、60歳からくださいという制度がありますが、それに関する規定です。これを比べてみてください。読むと時間がかかりますので、ここに

●注16 法30条の但し書き
障害基礎年金の保険料納付要件は、「初診日の前日において、その初診日の属する月の前々月までに被保険者期間があるときは、その被保険者期間にかかる保険料納付済期間と保険料免除期間とを合算した期間が、その被保険者期間の3分の2以上を満たしていること」とされる。従って、国民年金加入直後に障害状態になった場合など、被保険者期間がないときは、保険料納付要件は問われない。

下線と傍線を引いてある所を比べてみたら非常にはっきりすると思います。

つまり「初診日の前日において」が1項の認否のウエートを持っているというのですが、これは繰り上げ老齢基礎年金の「その請求があった日の前日」という言葉と全く同じ比重しか持っていないのではないか。

審査員が言うように文理上、明らかであるなんていう、そんな大したことではないと私は思います。それは附則9条の2第1項と比べても明らかで、初診日というのは単なるマークでしかない。私はそのように思います。

もう一つは、どういうところを見ても全く取り上げていないのは、国民年金法5条2項、これは平たく言えば保険料を納付したら、それは全部納付期間だよと書いてある。それに対して何らの注釈はない。ただし、障害年金の場合には初診日のあとで納付した保険料納付期間は

表１　【障害基礎年金】

> ただし、当該傷病に係る初診日の前日において、当該初診日の属する月の前々月までに被保険者期間があり、かつ、当該被保険者期間に係る保険料納付済期間と保険料免除期間とを合算した期間が当該被保険者期間の 3 分の 2 に満たないときは、この限りでない。

表２　【老齢基礎年金繰上げ請求】

> ただし、その者が、その請求があった日の前日において、第 26 条ただし書に該当したときは、この限りでない。

※　図 1．2．では、受給要件は保険事故発生（★）のときに一括して判定することを示す。

※　図 3．では、加入要件、初診日要件、納付要件を初診日（☆）で、障害要件のみ保険事故発生のとき（★　障害等級に該当したとき）に判定することを示す。

なしにするなんてことは書いていない（注17）。全部読んだけれども、そんな規定はどこにもない。

ということは、はっきり言えば、憲法14条の法の下の平等原則に反すると私は思います。老齢年金の場合には言える。当然のことだから、もちろんこれが悪いとは言えない。ただ、障害年金に限って初診日のあとに、保険事故発生の日でも何でもない日のあとに納付したものを除外するのか。これは同じ法律の中に二つの解釈があるということでもって、平等原則に反するという考えを私は捨てきれません（この点については、83頁の【補足意見】参照）。

とりあえず初診日の問題に集中してしまいましたが、ただ、これに手をこまねいているだけでは、われわれの前に権利は訪れない。それで、いくつか挙げてみました。

●注17
障害基礎年金の受給権
障害基礎年金の受給権は、障害等級3級に該当しなくなっても、65歳までは失権することなく支給停止状態となり、再び障害等級に該当すれば支給が再開される。しかし、平成6年の法改正前までは、障害等級不該当から3年で失権とされていた。そこで、いったん受給権が消滅しても、平成6年改正時点で65歳までに障害等級に該当すれば、障害基礎年金の請求を認める経過措置が採られた。

(3) 「初診日」の壁には、どのように対抗したらよいか

まず、法改正を求めましょうと私は言いたい。ただ、これは言うべくして非常に難しい。

障害年金の国民への周知

そして、先ほどから出ているように障害年金があることすら知らなかったという方がいないようにする。障害年金があることを知らせることが一つ。今日のシンポジウムの後半でお話しする、障害年金支援ネットワークをつくった趣旨はこれです。

初診日の証明、受診状況の証明書をもらっておく

気が付かない人はしょうがないですが、気が付いた人はカルテがなくならないうちに初診日の証明、受診状況等証明書と言うのですが、それを取っておく必要がある。

社会的治癒（注18）があります。これも言い出したらきりがないのですが、再発ですね、いったん治まった、医学的には決して治ったとは言えないけれども、普通の社会生活を送っていられた時期があって、そのあとで再発したときには、あとのほうの初診日が初診日となる問題。これは国も認めています。

●注18　社会的治癒
社会的治癒は、初診日に関する概念。疾病の経過によっては、医療を行う必要がなくなって社会復帰しているうちに、同じ疾病で症状が悪化することがある。この〟医療を行う必要がなくなって社会復帰していること〟を社会的治癒といい、これが認められる場合には社会的治癒後に最初に医師の診療を受けた日が、これが認められない場合には社会的治癒に入る前に最初に受けた診療の日が、それぞれ「初診日」となる。従って、薬事下にある場合や療養の必要がありながら単に経済的な理由によって医療を受けていない場合は、たとえ働いていたとしても社会的治癒とはされない。また、医療を行う必要がなくなって社会復帰した期間が相当程度経過していない場

精神遅滞とか発達障害という病気の場合

精神遅滞とか発達障害という病気は先天性のものだから、初診日は20歳前（注19）となっています。

私は、こうした障害でもって初診日の要求を受けたことは1回もありません。だから、国も認めているわけです。そのほかに「網膜色素変性症」があります。

これと発達障害あるいは知的障害が唯一先天性と認められていることを、現職の社会保険事務所の副長から聞いたことがあります。真偽は明らかではないのですが、これらは20歳前障害として請求できるということです。

統合失調症の場合

「統合失調症」の場合は先ほどの福岡地裁判決で、必ずしも内科医などで統合失調症あるいは精神障害という診断がなくても、その前駆症状であったことがうかがわれるような診断内容があれば、初診日と認めることがうたわれ

合も社会的治癒とされない。

●注19　20歳前傷病
障害基礎年金を受給するには、本来国民年金の被保険者であることを要するが、国民年金に加入しない20歳前に初診日のある障害について、資格要件を問うことはできない。そこで、一般的な障害基礎年金とは別規定を置き、「初診日において20歳未満であった者が、20歳に達した日、またはその後の障害認定日において障害等級に該当するに至ったときは、法30条の4に基づく障害基礎年金を受給できる」ものとした。なお、被保険者期間がないため、当然保険料納付要件も問われない。

ております。これに対して国が控訴しておりませんので確定しております。

(4) カルテが廃棄されている場合

そして、カルテがない場合にどうするかという問題があります。

その場合には、これも断言ではありませんが、(a)交通事故の場合には事故証明、これは数十年間、警察では持っているようです。(b)新聞記事も証拠になり得ます。(c)克明に日記をつけていた人がいて、この日記が初診日を証明するとして採用されたケースが、平成12年ぐらいの審査会の裁決の中に実例としてあります。(d)20歳前の知的障害とか網膜色素変性症以外の傷病で言えば、母子手帳、義務教育の学校の健康診断記録は教育委員会に言えば出てくるはずです。身体障害者手帳、精神障害者保健福祉手帳の交付申請書類、医療関係者の証言、それらも場合によっては証拠になり得ます。健康保険とか労災の給付の請求書のコピーも当然なります。私の場合には整骨院の診断記録が証拠になったこともあります。職場の定期健康診断の記録などもあります。

(5) 初診日後に納付した保険料をどうするのか

納付要件として否定されたときにどうするか。これもやはり世論を動かす運動をしなければいけない。

私も実は1件抱えています。これから審査請求をやります。これは大阪社会保険事務局に対してやるのですが、今から準備にかかるところです。

審査請求、再審査請求を必ずやりましょうと言うけれども、それには費用がかかります。やはり運動として起こして、その中で募金とかをやっていかないと運動が実質的に実を結ばないことがあります。学生無年金のほうでもそうですけれども、やはりそうした考慮もしなければいけないと思っております。そして、審査請求、再審査請求にはポイントがあります。そのポイントをはずさないことだと思います。

橋本 青木さん、ありがとうございました。あとでまたご発言をいただきたいと思います。これで前半の部分を終わりにしたいと思います。なお、後半の司会は森田先生にバトンタッチすることにします。

シンポジストの補足意見

森田　後半の進行は森田が担当します。よろしくお願いいたします。あと、残り1時間ほどですが、前半でご発言をいただいた皆さんに補足の発言をしていただく。それと併せて会場からのご発言も受け付けたいと思います。

なお、会場からご発言をいただく前に、おさらいの意味もあって、社会保険の実務を担当なさっている澤静子さんから、障害年金制度の全体の概要について補足説明をお願いすることにします。

1　湯浅氏の補足意見

認定の裏事情をいかに伝えるかが重要

湯浅　私の患者会は「相談ダイヤル」を設けておりまして、病気の急性期の相談、生活の面での相談を私が受けております。先程来、認定日のことが話題になっていましたが、私の所に来た一つで、逆に認定日をあとにしてもらったということがありました。

私たちのスティーブンス・ジョンソン症候群は、そのときに視力障害がなくても、非常にひどいドライアイが残ります。30年も40年も前に発症した方は、その時に目が見えたからといってドライアイの治療をせずにずっと放ってあって、その後10年、20年たって視力障害となっている患者がいます。それはドライアイの治療自体を医者が知らなかった、この病気自体があまり知られてなかったこともあります。

その患者は小学生の時に発症しました。そのあと視力が保たれていたので、学校を卒業して仕事をして厚生年金を支払っていました。いよいよ障害年金を請求しようとしたときに、相談に行ったら、元の病が子供の時に発症したので国民障害基礎年金になると言われたらしいのです。

でも、その人はずっと視力を保っていたので、働いて厚生年金を一生懸命払っていた。どうしても厚生年金を認めてもらいたいということでした。ご存じのように年金の額がかなり違うと思います。その人は厚生年金が認められました。

私の資料が今配られていると思いますが、「医薬品の副作用に関する」国の救済制度がありまして、それにも障害年金があります。

それは薬との因果関係を証明するのに非常に難しい。青木先生のお話のあとのほうに出てきたことですが、障害認定日を決めるのに母子手帳とか日記とか、それが非常に重要になることがあるとおっしゃいましたが、普通の一般の人はそれを知りません。ただ、こういうものを出してくださいと言われると、それしか駄目なんだということがあります。

この制度でも、薬局で買った場合に販売証明書を薬局で書いてもらうのですが、当然何カ月もたってレシートはないし、その薬局は大勢の人に売っているので、その人に確かに売ったという証明を書いてくれないですね。薬の瓶とか箱とかが、その販売証明の代わりになります。私が相談を受けた患者でいろいろ検討した結果、16年前の患者ですが、当時の看護記録が残っていまして、そこに薬剤の名前が書いてあった。それが販売証明書の代わりになったという事例がありました。

そういう裏事情というか、表には出てきていない細かいことをいかに伝えるか。それが非常に重要なことだと思っています。私たちの場合、カルテの5年という保存期間があって、もう5年を過ぎているから出せないと言われてしまえばそれまでなので、そういうことに阻まれることがあります。その中で、いかに証明の代わりとなるものを探すかが非常に重要になってくると思います。そういうことをぜひまとめて、皆さんがいろいろなことで知り得るような環境が早くできればいいなと思っています。私も今、相談を受けて言っていることは、とにかく何でも取っておきなさいと言っています。

私たちの障害年金は所得に該当しないので二つ年金がもらえることになっています。仕事をやっていて、国民年金のほうをうっかり掛けていなかった人もいまして、その人はもらえていないと思います。先ほど言われたように、いつ障害になるとも限らないし、こういうことがあることを私もぜひ周知をしていきたいし、ここにお集まりの皆さんも全然関心のない人たちにいかに広めるかがポイントになってくると思います。

森田　ありがとうございました。続きまして、池原さん、お願いします。

２　池原氏の補足意見　初診日主義の問題点

池原　初診日主義にはかなり疑問を持っています。

例えば、障害のイメージを交通事故に遭ってけがをしたとか、スポーツ事故で首の骨を折ったとか、こういう事故をイメージして考えると、交通事故に遭ってけがをしているのに医者に行きたくないとか行かない人はいない。だから、事故が起こったときと医者にかかるときは同じ日とか同時に起こっていると想定できるし、そのけがが原因となって後遺症とか障害が発生する流れは基本的なイメージとしてはつかみやすいわけです。

恐らく、立法者はこんなもんかなということで法案を作って、初診日を一つの基準に取り入れたとしても、そうおかしいことではない。

しかし、本来本質論としては、所得喪失の危険性を招くような障害をいつ持ったかということを認定することが、障害年金という名前からしても大事だろうと思います。初診日はそういうものを認識するための一つの技巧的なものだと思います。

例えば交通事故だったら、医者にかかるので、その初診日を基準にすると、けがも認識できるし、しかもそのけがが結果的に後遺障害を発生させていることが認識しやすいので、事務処理の便利性からすると、初診日を取り上げることには一定の合理性があるようにも見えます。

ただ、例えば精神障害の人に関していうと、むしろお医者さんに行きたがらないわけです。まず一つは自分が病気だと認識しにくいし、最近は偏見が減ってきたけれど、自分が病気だと認識しても、誰も好き好んで精神病院に入院するとか精神科にかかりますと胸を張って行く人は、残念ながら、まだあまりいない。家族も本人も、ある程度病気ではないかと思っても、なるべく医者に行かないで何とかならないものか、精神病というレッテルを張られないようにできないものかと考えています。

そうすると、精神障害みたいな病気の人の場合には、むしろ発病とか発症という時期と受診の時期が大幅に変わります。交通事故の人がけがをした日に医者にかかるのと全く違っていて、かなり激しい症状が出ても医者にはかからずに何とかしようとする状態があります。

かつ、病気の性質からして、本人もあまり病気だと思わない。それと同時に、不思議なことに、認知症のご家族にも似た現象があると言いますが、家族の中のある人がだんだん精神的に失調的にいる状態が、自分の子供がだんだん成長して大きくなったり声変わりしてくるのを見ているのと似ていて、家族にも気付かれにくいという現象が結構あります。

だから、大体の場合には、医者にかかったときに、「何でこんなに手遅れになるまで放っておいたのですか」とよく聞かれます。つまり病識、病気の認識の成立しにくさ、病気という認識が辛うじて成立しても、いろいろな社会的な影響とか偏見を考えると、医者に行きにくいとか行きたがらないという状況があって、実際の病気と医療機関への受診の状態が非常に離れてしまっている。こういう種類の病気はほかにもいくつかあると思います。

交通事故のけがの場合は初診日主義をかなり形式的に適用しても、けがすれば医者に行って、その医者にかかったけがが原因でどういう障害が発生したというモデルができるわけです。精神障害みたいなケースだと全然そうはならない。だから、実態としては20歳の前からずっと具合が悪い状態が続いていた、あるいは実態としては医者に行ってないけれども2、3年間病気で苦しんでいる時期があって、そして揚げ句の果てに措置入院という、県知事の判断で強制的に入院させられるという事態も起こり得るわけです。そこを初診日として使ってしまうと、病気とか障害の実態としての動きと、受診・受療という事実の間に大きな差が出てきてしまって、どうしてもそこで不都合が発生してしまうわけです。

さらに言えば、精神障害の場合、最初の発病時点、急性期の大変な状態のときに障害年金をどうしようかなんて考える余裕が家族にもほとんどないし、本人は理解力が非常に低下していますから、障害年金をどうしようと適切に考えて行動できるぐらいだったら、わざわざ精神科に行かないわけです。家族も混乱した状態でどうしたらいいかと思っているうちに、周りから見れば「うっかりしているな」と言われてしまうかもしれないけれども、10年や15年過ぎてしまう。35歳とか40歳になって、一段落したなと周りを見回してみると障害年金がもらえるらしいという話になって、さて初診日をさかのぼりましょうとなると、どこの医者に行ってもカルテはありませんという話になってしまう。

精神障害みたいな種類の病気の人について言うと、初診日主義を徹底すると無年金者は膨大に発生してしまう。多分、無年金者が多いグループの一つは精神障害の人たちではないかと思います。

だから、今やっている裁判でも初診日主義をかなり換骨奪胎するか、あるいは制度を根本的に初診日主義から変えることも必要なのではないか。初診日主義に拘泥して、今のところは法律制度ですから、しょうがないから日記を集めたりとか、あるいは、かつて20年前の診察券をぼろぼろになったものをやっと机の隅から見つけ出したりしてもらうのです。今はそんな努力をしてもらうしかないから、そうしていますが、やはりそういうことをしなければいけない制度はおかしいのではないかという気がしています。

そうすると、この初診日主義に立たない制度の作り方が必要ではないか。青木さんの資料をさっと拝見しても、ドイツとかアメリカの制度でも必ずしも初診日主義がとられているわけではなさそうで、国際的にも初診日主義が一般的なわけではないですから、特に障害年金みたいなものに関しては、そこを何とか工夫できないかと考えています。問題提起的な話ですが、以上です。

森田　ありがとうございました。青木さんからお願いします。

3　青木氏の補足意見　障害年金支援ネットワーク

青木　私は４年前に障害年金支援ネットワークという団体をつくりました。このことはレジュメの10頁の下から始まっていますが、はがき大のカードを作りまして、これを皆さんに見ていただくことを手段としてやっています。

まず、先ほどからのお話でもあったように、障害年金そのものの存在すらご存じない方が多くて、なおかつ、それが独力では不可能と言ってもいいぐらいの困難さがあることを何とかしたい。それが私の発想でして、４年前に奈良県下で開業している社会保険労務士全員に私が個人でアピールしまして、それが母体となって障害年金支援ネットワークができました。おととしの暮れにはＮＰＯ法人の認証も受けております。

この考え方をご披露したいと思います。なるべく多くの人を救いたい、障害をお持ちの方皆さんの要求を受け止める。それを大勢の働き手の手で処理をする。それが主眼です。私は個人的に早くから障害年金を扱っておりまして、個人でも100件以上の事例を処理しておりましたが、私の力だけでは限界があることがわかりました。これはもう絶対に大勢の有志の協力がなかったら無理だということで、4年前にそういう発想から団体をつくったわけです。

われわれのネットワークの事業の柱は3本ございます。一つは広報です。先ほど申し上げたハガキ大のカードを主として病院や自治体の窓口に置いてもらって、それを見ていただいて、全国のどこからでも無料で掛かる電話の番号を持っていまして、そこに掛けてもらう。土日・休日は受け付けておりませんが、それ以外の日の朝10時から午後4時まで相談を受けております。

「社会保障・社会福祉110番」がありますが、それは月に1回です。それ以外はわれわれのネットワークが毎日受けています。メンバーは社会保険労務士で、初歩の障害年金の研修を受けています。変な話ですが、社会保険労務士の試験に通っても、翌日から障害年金の相談を受けられるとは限らないということで、われわれの経験と知識を研修によって広げていっています。

この電話相談で受けたものには、電話だけでは無理だという事例もあります。それは理由をお話しして丁寧にお断りしなければいけないのですが、何とかなりそうだというものは、会員の社会保険労務士を指名して委嘱しています。

基本的な研修はもちろんですが、今まで縷々述べられたようなこともありまして、非常に奥が深いというか難解というか、私は国が難解にしていると言いたいのですが、それについての学習も必要ですので継続的にやっております。

もう一つ大事なことは、会員はまだわずか36名ですが、いろいろな所におります。北は青森から南は愛媛県までおります。全国47都道府県から見ると半数以下ですが、広域的に散在しておりますので非常に広い視野で見られる。例えば国民年金の障害年金、障害基礎年金については、東京に1カ所しかない社会保険業務センターではなく、各都道府県任せです。昔は県知事、今は都道府県にある地方社会保険事務局に任せているということでばらばらになっている。それが西高東低と言われている。東に行くに従って厳しくなって、認めにくくなっている。西のほうは認められやすいという傾向があります。

そういうことがあることが前提にはなるのですが、広く見られる。私が個人で奈良県しか見ていないのと違って、青森でこういう事例があった、富山でもあった、兵庫でもあった、愛媛でもあったとなると、これはちょっと問題だなとなります。だから、一種のオンブズマン機関としての役割も現在でも多少は果たしておりますし、これからも果たせるかと思います。

湯浅さんの事例にしましても、もし皆さんの事例があったとしても、請求なさる方は孤立しています。「あんたは駄目だよ。あんたには用紙はあげない」という、いわゆる障害者いじめもあります。だけど、自分だけのことだろうと思って、我慢しておられる方、みんな孤立しておられる。われわれの電話相談で受けた方、確かに数百件あるわけです。そうした孤立した方を何らか適切な方法で組織化できないかと考えております。これはまだ計画だけで具体的には動いておりませんが、私個人ではそんなことを考えております。

これまで4年間の活動で困難な事例がありました。私も思い出すと懐かしくなるような事例があります。外国人の年金受給に関する事例もあります。来年を目指して、それらを時系列でまとめたいと思っております。できるだけ早く刊行しまして、皆さんのお目にかけるようにしたいと思っておりますので、そのときは「障害年金支援ネットワーク」という団体名で発刊すると思います。その節はご購読をよろしくお願いいたします。

森田　ありがとうございました。それでは、先ほども申し上げましたように、澤静子さんから報告をお願いします。その後、会場からのご発言を受け付けたいと思います。

特別補足意見

障害年金制度および申請手続について

澤　静子（社会保険実務関係者）

障害年金と申しましても、障害基礎年金、障害厚生年金、障害共済年金の３種類があります。一定の障害の状況であることはもとより、先ほどからお話がありますように、保険料の納付要件と初診日がいつであるかによって請求する制度が違ってきます。事例を使ってそのことの説明をさせていただきます。

１　初診日

病気とか事故というのは、どなたにも起こり得ることです。今回、事例として、例えば今日、平成17

年10月15日に交通事故に遭ってしまった。けがをして病院に行き入院した。それで完治すればよかったのですが、その後リハビリ等を続けたのですけれど、1年半を過ぎてもなかなか歩くことがうまくいかなくなってしまったとか、手に障害が残ってしまったとします。

そうしますと、これはっきりしています。交通事故に遭った日が初診日となります。

20歳前障害　納付要件は必要ナシ

この初診日が、まだ20歳の誕生日前であったとしたら、この方は国民年金の20歳前障害ということで障害基礎年金を受けることができます。会社にお勤めであったという場合には障害厚生年金ももらえることがあります。20歳前の初診ですので20歳前障害です。国民年金は20歳から強制加入になりますが、その前ということで納付要件は必要ないことになります。

20歳後障害　納付要件が必要

もう一つ、この10月15日において20歳を過ぎていたとしますと、この日に国民年金に加入していらした場合には国民年金の障害基礎年金の請求をされる。会社にお勤めで厚生年金に加入されていれば障害厚生年金の請求をされることになりますし、公務員で共済組合に加入されていれば障害共済年金を請求されることになります。

納付要件ですが、これも事例で言いますと、10月15日が初診日に当たりますと、初診日の前日の10月14日において、その前々月、8月までに納付を要する期間の3分の2の月数を納付または免除されているかどうか。この方が30歳であったとするならば、20歳から30歳まで納付を要するとすると、10年ですから120月、そのうちの3分の2ですから80月、約7年弱になるかと思いますが、これを納付していたかどうか。それによって納付要件が決まります。

これを満たしていない場合は、経過的な特例措置がございまして、初診日の属する月の前々月までの1年間のうちに滞納がない、かつ初診日に65歳未満ということが要件としてあります。

つまり、このケースで言いますと、10月の前々月は8月ですから、その前の年、平成16年9月から平成17年8月までの間に滞納がない。この3分の2あるかどうか、この1年間に滞納がないこと、このどちらかを満たしていることが納付要件になります。初診の時点によりまして納付の要件が変わって

●注20
昭和61年大改正
我が国の年金制度は、それまで職域により国民年金、厚生年金、共済年金に分かれ、それぞれが独立して運営を行っていたが、産業構造が大きく変化したことにより、被保険者の制度間移動や、各制度の財政不均衡を生ずることとなった。そこで、昭和61年、国民年金を全国民共通の基礎年金とし、厚生年金や共済年金といった被用者年金を上乗せ給付と位置付ける、2階建ての制度に編成された。各給付の支給要件や内容、適用範囲なども、改正前後で異なる。

きます。それは制度の改正があるたびに変わってきますが、今お話しした要件は平成3年5月以降のもので、昭和61年に大きな改正（注20）がありましたので、それ以前だとまた違っています。これが納付要件の一般的な話です。

2 障害認定日・認定日請求

一般的には初診日、今のケースですと10月15日から1年半後、平成19年4月が障害認定日となって、このときに一定の障害が残っていた場合には、その翌月からの年金の支給について請求する。これが認定日請求です。

認定日は、先ほどおっしゃっていますように1年半を目安として定められておりまして、それ以前に症状が固定することもあります。これもまた何が固定か難しいですが。例えば、人工透析を3カ月間以上なさっているとか、そういうものは1年半よりも前でも固定と見なす場合もあります。

そして、その認定日にはまだ症状が軽くて障害年金を受給する等級に該当していない場合で、その後悪化することもあると思います（注21）。その場合

●注21 事後重症
障害基礎年金の3つの支給要件のうち、「資格要件」と「保険料納付要件」は満たしているが、障害認定日において障害の状態が障害等級に該当しない場合、障害基礎年金は支給されないことになる。しかし、その後に障害の程度が増進して障害等級に該当することとなったときは、65歳の誕生日の前々日までであれば請求することができ、これを「事後重症」と呼ぶ。これは、請求することによって初めて権利が発生するのであって、過去に遡って支給されることはない。

には65歳までは請求可能で、請求時において障害等級に該当すれば請求後から支給が始まります。

外に診断書とか請求書が張ってありますが、障害年金の等級の認定には診断書を書いてもらうことが必要です。裁定請求書にいろいろな添付書類と一緒にその診断書を付けていただく。もちろん、診断書はご自身がかかっていた病院のお医者さんに書いてもらうものですし、請求書は認定医という医師がおりますので、その医師のほうで認定を行っております。認定基準がありまして、それを基準に「１級、２級、３級」という認定を行っています。

ですから、年金の請求手続きをなさりたいときにはご相談されると思いますが、病気がずっと状態が悪いとか、こういう大変なことがあるとお話しになるかと思いますが、それと一緒にその病気がいつごろ始まったもので、初診がいつだったかを把握して申し立てていただくと、この方は何の年金で請求になるということがわかります。そういうことを把握して申し立てていただくことも大切なことで

図６　事後重症の発生イメージ（初診日★　○認定日　◎事後重症）

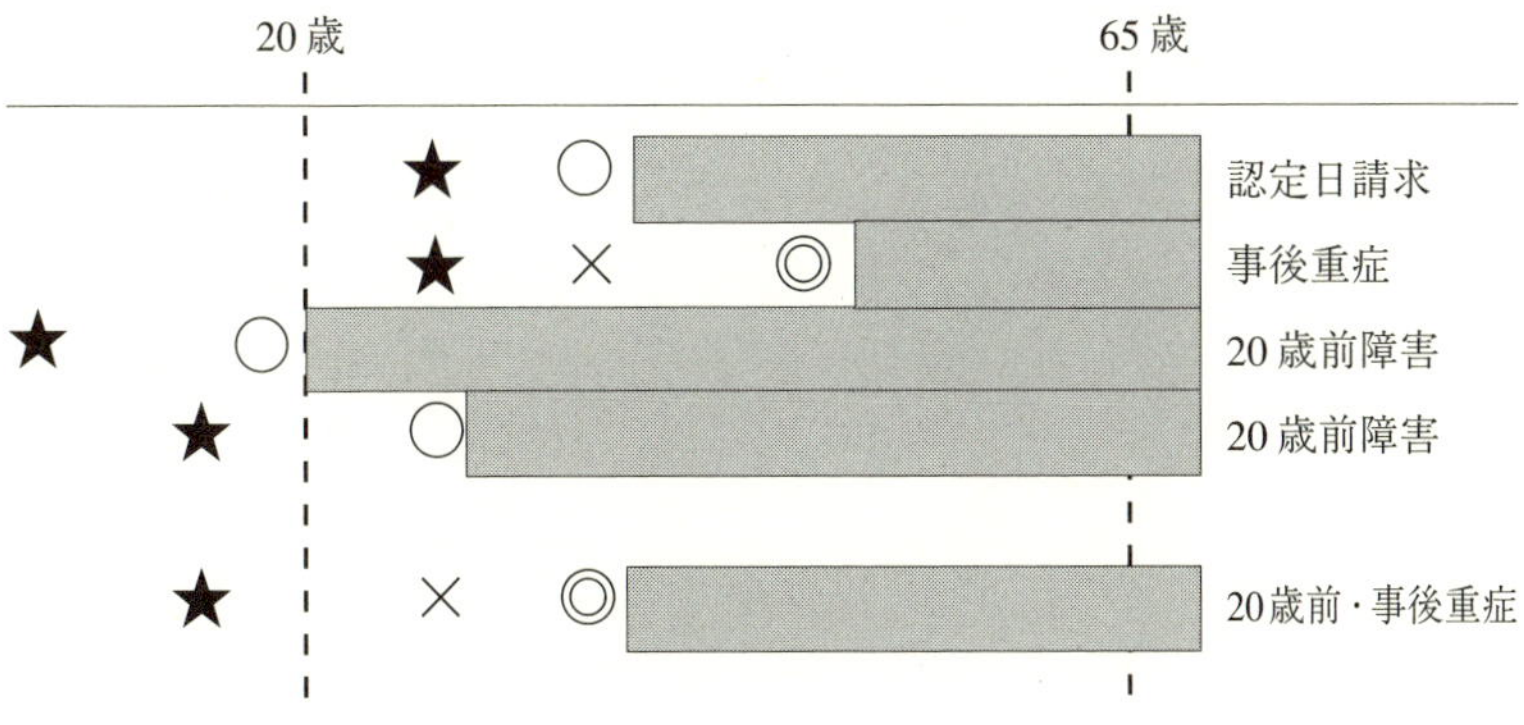

はないかと思います。

例えば、最近は糖尿病が増えております。糖尿病の合併症として、糖尿病性網膜症で目が見えなくなるとか、腎臓で障害が出てきまして人工透析をされる、そういうことでもって請求される方が多くて、目だと眼科の病院の初診証明を持っていらっしゃるのですが、以前から糖尿病で通院中となると、内科で糖尿病で初診になったときにどういう症状になっていたかとなりますので、結局そこが一番初めの診断となります。

障害年金の裁定請求の際に提出となる診断書は請求される方の障害の程度の確認のための資料です。これについて、病名でもって診断書が選ばれるわけではなくて、その病気やけがによってどのようなところに障害が出ているかを判断して診断書を書いてもらうことになっています。

私の知っている事例で、ご主人が白血病で年金を請求されたのですが、血液疾患の診断書でもって出していただきました。ただ、治療はかなりいい状態であったのでだいぶ良くなられていたようでした。血液疾患の中の状況だけだと該当しないような状況だったのですが転移により、視力障害が出ていることもお話しされていました。それですと眼科もということで、眼科の診断書も出していただいて医師のほうで認定されました。そういう事例もあります。ですから、診断書は傷病で症状の出ているものを出していただきます。

障害年金の制度はもともと老齢年金、遺族年金など、公的年金の中の一制度です。現在、年金については さまざまに言われていますし、特に国民年金の場合には厚生年金とは違いまして給与からの天引きではございませんので、ご自分で納付するものですし、20代、30代では60代、70代のことなどは考えられない、今の生活のほうが大事だからとおっしゃる方も多いのですが、働き手が亡くなったときのために遺族年金がありますとか、事故や病気で障害の状態になったときのために障害年金という制度があることについては、やはりどなたにも起こり得ることですので、ご存じおきいただきたいと思っております。私からのお話は以上です。ありがとうございました。

会場からの質問と回答

森田　それでは、これから会場からの質問をお受けしたいと思います。

質問1　障害者数と障害年金受給者数の大きな違いのわけは？

会場　「障害者労働・差別を考える会」の徳見康子と言います。青木先生に質問させていただきます。池原弁護士にも関連したお話をうかがえたらと思います。

青木リポートの中に、障害者数と障害年金受給者との大きな実情の違いが出ていました。ここの「障害者数580万人」は、いわゆる障害者手帳受給者なのでしょうか。

障害者手帳の受給は、体のどこの部分が欠損、どこの部分の機能が不能であるというランクで障害を算定されます。

障害年金は、障害者だから障害年金が支給されるのではなくて、この人はどの程度労働が不能であるか、そのランクで算定されます。

そこで、おのずから数字に差が出てくるのはやむを得ないと思うのですが、質問で一番うかがいたいところは、差別・偏見の中で、障害者であっては働きたいと思っている者が、障害者だから労働不能だとランク付けされ、排除された数字の差だと私は勝手に思っています。年金と手帳のランクの人数がどうやって差が出てきたかを教えていただければと思います。

回答1 政府の「障害者白書」では知ることができない

青木 今の障害者数と年金受給者数は、平成10年版の「障害者白書」の数字をまとめたものです。先ほど申し上げたように、5年ごとですから、恐らく次の白書は平成19年に出るのではないかと思います。要するに平成10年版の「障害者白書」には人数しか書いていない。ここでは総体で申し上げましたけれど、内訳を申しますと、身体障害者数は342万6千人、知的障害者数は35万6千人です。身体障害者と知的障害者の二つは18歳以上ですが、精神障害者は20歳以上で、かつ推定の人数しかわかりません。それが204万人です。合計で582万2千人。それが日本政府が発行した「障害者白書」の数字です。数字しかわかりません。

全く同じことを私も知りたいと思いました。それがどのように年金に反映されているかを知りたいと思ったのですが、これ以上のことは白書からうかがい知ることはできませんでした。

ここに「18歳以上」とか「20歳以上」という制限を付けたのは、年金対象になる年齢に近く絞ったわけでして、他意はありません。ですから、想定数字はやはり600万人は超えると思うのですが、そういう状況でつくった数字だということをご理解ください。

会場　年金に該当する数ではないですか。

青木　そうですね。両方ともぴったりと重なるわけではない。お尋ねのように、障害者数と言っても障害者手帳を発給した数なのか、精神障害者にしても「精神障害者保健福祉手帳」を発給した数なのか、その説明すら書いてない。だから、どのような程度のどのような障害の方がここに数で上がってくるか、全くわからないですね。やはり、次の白書にはそういうことを要求できればいいと思っています。

森田　池原さん、どうぞ。

池原　精神障害の人に関して言うと、「精神障害保健福祉手帳」を持っている人は10万人に満たないので、204万人という数字は手帳とは全く関係がありません。基本的には、精神病院または精神科に受診している患者数という把握だと思います。

質問2 障害年金と生活保護法63条の返還命令

会場 付随して、池原弁護士におうかがいします。生存権の話です。生活保護受給者が裁判を起こして、例えば、障害基礎年金を過去5年間さかのぼって支給を受けたとしても、入ったものは生活保護費で全部返すとなると、裁判所にお借りしているお金も払えない金額となります。弁護士にお借りしているお金も返せない。そういう中で裁判を続けていました。5年間の間で収入が入った場合に、どのような比率で配分すればいいのか。それがわからずじまいでした。

障害者になったことは全然悲しくないです。一番悲しいのは、障害を理由に差別と偏見の中で孤立することです。

池原 手元に詳しい資料がなくて全く経験的なことしか申し上げられませんが、確かに一定の収入があった場合、生活保護費をさかのぼって返せという話が出てくることがあります。ただ、私の個人的な経験では、交通事故の損害賠償請求の裁判をやっていて生活保護を裁判中ずっと受けていました。弁護士費用はいただきましたけれど、福祉事務所からそれはうちのほうに返す金だから返せとは言われなかったですね。訴訟救助で多分、裁判所の印紙を張らなくていいようにして裁判をやっていらっしゃったと思います。

恐らく、裁判をやることに当然必要であると考えられる費用などについては、入ってきたお金からまず払って、もしそのときに残りがあれば生活保護費を返すという考え方でいいのではないかと思います。ただ、あまり困窮事例に当たったわけではないので、よくわかりません。

もう一つは、最近私が経験した事例では、自宅を持っていて、生活費はないので生活保護を出してもらったわけです。処分したり売却したりしてお金が入ったら返してくださいという話だったのですが、交渉して、さかのぼって返すのではなくて生活保護をいったん打ち切りにして、その入ったお金を使って取り崩して生活していって、なくなったらまた生活保護にしてください。遡及的に返すのではなくて、将来的に自分のお金として使って、お金がなくなるまでは生活保護を一時中止する。そういう取り扱いの役所があることを事実として体験しています。窓口によってその取り扱いが随分違ってくるように思えて、正確なことは当たってみないとよくわかりません。

回答2　生活保護法には「他法優先原則」がある

青木　今の生活保護費の返還の件ですが、恐らくこれは生活保護法63条の返還命令だと思います。これは経費認定を要求し続けることだと思います。私どものネットワークには生活保護受給者の方からの申し込みも随分あります。実際にあった例として、兵庫の西宮市では、われわれの社会保険労務士報酬の控除を認めなかった。それを認めさせるのに、私どもの１１０番の仲間の弁護士を頼みまして政治的にやってもらって、やっと認めた。ところが、同じ兵庫県でも尼崎ではすんなりと経費認定をするということです。

これは少しややこしいことになりますが、「他法優先の原則」が生活保護法にありまして、生活保護以外の法律でカバーできることは全部やれと、生活保護を直接担当するケースワーカーに対して国が言うわけです。ところが、生活保護のケースワーカーにはほとんど能力はない。その実態もわかっていないのに、何で経費認定しないのかとわれわれは主張したのです。そういうことを経費認定しろという要求を国に対してはする必要があると思っています。

森田　ありがとうございました。いろいろ議論が発展しましたが、ほかの方はいかがでしょうか。前の方、どうぞ。

質問3　保存期限5年のカルテを守る方法は？

会場　神奈川大学の学生です。青木先生におかがいしたいと思います。先ほど、青木先生のお話の中で27年前のカルテが見つかったということがあって、カルテがこうした場合にはすごい決め手になるという話があったので、そのカルテを守る手段が何かありましたら、おうかがいしたいのです。

回答3　諸悪の根源「初診日主義」の撤廃を

湯浅　5年と決まっているのですね。1年に1回でもいいから、そこの病院にかかる。そこから5年また延びるわけです。

青木　確かにカルテの保存期限があることが障害年金の請求に非常に障害になっていることは私もわかります。だから、それをデータベース化して、言ってみれば国立診療録文書館のようなものをつくって、そこに集中的に保存することも考えられないこともないのですが、非常な労力が要る。

もう一つ大事なことは、諸悪の根源である「初診日主義」そのものを撤廃することが先である。そうすれば、初診日のカルテが廃棄されるようなことはないということですね。

各国の例も申し上げたのですが、実際、今日ここにドイツの年金保険法の原文を持ってきております。これは第43条で「稼得能力減少年金」という名前です。障害年金ではない。だから、そういう意味から言っても、例えば腎臓の場合にクレアチニンが5とか8とかで区別するのではなくて、どの程度の負担になるかということを知らないと判断できないと思っていますから、推認して、初診日を撤廃してもらわないと、本当の意味の障害者の人権が守られないかと痛感しております。ちょっとお答えになりませんけれど、そのように考えています。

森田　今のことで私から補足します。大体どの病院でも請求すれば自分のカルテを入手することはできます。だから、どこか節目ごとに自分のカルテを取って自分で保存しておくことが一つのやり方だと思います。

質問４　申請を却下された後に取り得る手続は？

会場　私自身はもう年金保険制度の恩恵に浴していますし、現在、私の子供が精神障害と身体障害で申請をしております。3カ月ほどかかるという回答でしたが、現実には10カ月、11カ月となるようです。教えていただきたいのですが、それが却下とかになった場合に、次にどういう手続をしたらよいのか。どういう窓口に足を運ぶのか。

回答4　不服審査請求・再請求審査

森田　その場合の手続ですね。こうした問題に対する受け皿、体制をつくっていかなければいけないのではないかということは、考えております。

具体的にすぐにどうとはなかなか言えないのですが、今回のシンポジウムを通じて、ぜひ地元の弁護士等にも問題提起をして、この神奈川の地でも窓口をつくっていきたいと思います。手続については、青木さんからよろしくお願いします。

青木　最近の事例で、京都市で85歳のお父さんによる48歳の息子さんの精神障害の請求事例をやっておりまして、お気持ちはよくわかります。

すでに請求されたそうですので、場合によっては棄却決定になるかもわかりません。その場合には、各都道府県に地方社会保険事務局があります。お住まいは神奈川県下ですか。

会場　横浜市です。

青木　横浜市ですか。神奈川社会保険事務局という役所があります。ここの中に社会保険審査官がおります。神奈川県には3人ぐらいいたかと思います。審査官室という組織になっていて、事務官が常駐していると思います。ですから、まず社会保険審査官に電話をして、もちろん氏名等を名乗っていただいて、処分が来れば必ず文書で来ますから、文書の日付や番号を述べていただいて、「これには不服だから審査請求をする」とはっきりおっしゃってください。

とりあえず口頭審査請求で受け付けられます。ただ、口頭審査請求というのは文書で確認されませんと完全になりません。それは形式不備の受理となりますので、必ず文書で提出されなければならないことになっています。

それがもし容認されれば年金証書が来るのですが、もし審査官も駄目だとなると決定書が送られてきます。

「決定書」は裁判の判決書と一緒で、まず主文があります。主文、「請求人の請求を棄却する」か、あるいは認めているか、「現処分を破棄する」かのどちらかです。それをご覧いただいて、却下されたということになれば、もう一回、今度は「再審査請求」ができます。

再審査請求をおこなう先は、決定書の末尾に、どこに請求したらいいかという政府機関の名前と所在地が書いてありますから、これも電話で受け付けます。電話で受け付けますから、これは社会保険審査会事務室にいきます。ここは組織が大きいですから事務室がありますので、そこに申し出てください。同じように文書でそれを必ずフォローしなければいけません。大体、口頭で申し出てから3カ月以内ぐらいには出さなければいけないことになっています。

もう一つ、審査請求書の中で一番根本になるのは審査請求の趣旨と理由です。これが中心になります。審査請求の趣旨には当然、もし不支給であれば、「支給することを求める」とだけ書けばいいです。理由としては当然のことながら、こういう理由だから支給して当たり前だということを縷々書く。考えたことは全部書くこと。

最初の決定のときに理由を書いてくる場合があります。大体漠然としていますが、もし不支給の理由がはっきりしているようでしたら、それに真っ向から立ち向かうこと。決して下手に出るようなことはなさらないこと。こちらが正当だと思えば、行政機関、政府機関の下した決定に対して真っ向からぶつかることが重要だと私は思っていますし、私が代理する場合にはいつもそれを心掛けております。以上です。

森田　このような場では細かいところまで踏み込めないと思いますので、基本的な流れはそういうことです。

質問5　特別障害給付金についての評価は？

会場　私は池原さんと一緒にＮＰＯでサポートをやっています。実は私は精神障害者でありまして学生無年金者です。橋本ゼミナールが作られた資料、この２枚目の特別障害給付金についてですが、実は私は申請したのです。裁判をやる訴訟は労力が大変でできなかったし、給付金の申請をするのもちょっと大変でした。実は先週、特別障害給付金の支給決定書が来まして、これが実物です。

すごくうれしかったです。でも、２級で月４万円なんですね。国民年金の月１万３３００円は払わなくていいというので喜んでいるんですが、その金額の根拠はどこにあるのかとか、本当に救済する措置だろうかということもあります。

シンポジストの方々にコメントしていただきたいことがあります。この特別障害給付金について紹介していただきたいのと、補足説明していただきたい。あと、特にこの制度に対する皆さんの評価はいかがなものかをお聞きしたいです。

回答5　「ないよりはまし」

青木　ほかの方はどうかわかりませんが、私ははっきり言って「ないよりはましだ」という評価です。無年金になるよりはいいだろう。

しかし、この制度で腹に据えかねているのは、障害年金に対する三つの受給条件のうちで、必要ないのは納付要件と加入要件だけで、初診日の証明が必要だということに私はものすごく抵抗を感じます。あとは、障害の状態が悪ければ当然のことですけれども、ここにも初診日を言うのかというのが私の感じです。以上です。

森田　ありがとうございます。

質問6　老齢基礎年金と障害基礎年金の違い

会場　社会保険労務士をしています。保険納付の関係で青木先生にご質問させていただきます。社会保険というのは当然、全員加入で全員が入っているということですから、まず、その有効性を見るところが保険料の納付の条件かと私は思っています。

老齢基礎年金と障害基礎年金の違いは、老齢基礎年金は当然65歳になったらもらえるので、これは予見していける。本人がわかる、そうした事項を対象にしているものだと考えています。

いっぽう障害・遺族年金は不慮の事故、病気を原因にして亡くなられたり、あるいは事故を原因にして障害になられたりという不慮のものを相手にしていることで、納付要件を見るときの違いがあってもいいのではないか。

老齢基礎年金の場合にあとから納付をするという条件があっても、これは当然予見しているわけですから、そのルールに従って被保険者がお金を入れたらいいと考えます。不慮のものについては、先に要件を確定させてから給付が発生するという保険であると思います。それについてもし何かございましたら、青木先生からお教えいただきたいと思います。

回答6　保険金不払理由に重過失事項を乱用

青木　お答えいたします。社会保険以外の保険、いわゆる民間保険（私保険）には傷害保険と生命保険の二通りございます。

一つの問題としましては、傷害保険の中に積み立て式傷害保険があります。これは言ってみれば、年金保険で保険料を納付して、その要件を満たして障害年金なら障害年金を受け取ることと比較的よく似ています。

ところが、民間の保険では1カ月や2カ月滞納しても、その滞納中に起きた保険事故については給付します。どういう仕組みかというと、それまでに積み立てた保険料を担保として融資をする。その融資金で滞納している保険料を埋め合わせて納付済みとして、保険給付を行う。民間の保険はこういう仕組みになっています。ただ、もちろん積み立てた保険料が少なければ、滞納している保険料に充当しきれなければ問題でしょうけれども、民間の保険ではそういう方法をとっています。

ところが、私が今扱っている事件では、たった1カ月分の保険料納付が初診日後であったために給付を拒否されている事例があります。この方は60歳になったところで、その前に請求した分、そして胃がんで余命が1年あるかないかという方なので急いでいるわけです。そういう方もいらっしゃる。

もう一つ、最近、大手の生命保険で不当不払いが多い。特に明治安田生命なんかは7月時点で1千件あるということです。どういう理由で払わないかというと、契約者側の落度を理由に払わない、いわゆる重過失事項を乱用していると指摘されている。

前の事例で未納ではなかったのだけども、1カ月の保険料未納として給付しないのは、まさに民間の保険以下だ。これで社会保険の名に値するのかということが一つあります。

大手の生保の不払い理由に重過失事項の乱用があります。社会保険でも、例えば保険料を納付しなかったのは重要過失であるといって、私に言わせればこれを乱用しているわけです。そういう点からいうと、果たして民間の生保の不払いが厳しいのか、年金保険のほうの不払いが厳しいのか。これはもっと研究しなければいけない。いずれにしても民間の保険以下だ、こんなことが社会保険にあっていいのかというのが私の考え方です。

森田 最後に、湯浅さんから何かありますか。

質問7 社会保険労務士や弁護士費用は？

湯浅 私は社会保険労務士の方のお世話にならないで一人でやったわけですが、実を言うと頼んでしまうとお金がかかるということがありました。

歯科医師をやっていたからお金があるだろうと言われてしまえばそれまでですが、廃業するまで1年8カ月、人任せにしていてすごい赤字でして、本当にお金がない時代を過ごしました。その時に、お願いしたら一体どのぐらいお金がかかるのだろうかと考えたことがあります。もともと、こういうことは私たち、障害を持った者が行政に簡単に申請して認められるべきものなんですね。だから、認定日やこういうことがあるんだよというのではなくて、本当に私たちが自分でできることが本来だろうと思います。

私が社会保険労務士の方や弁護士の先生に相談して手伝っていただいていたら、もっと簡単だったろうと思いますが、普通の方にしてみますと、相談や依頼するのに費用がかかると考えます。そういう意味ですごく気になる問題だと思います。私たちが障害年金のことで相談して依頼した場合に大体どのぐらいかかるのか、教えていただきたいと思います。

回答7-1　公定価格的な費用は申し上げられない

青木　ご承知の方もいらっしゃると思いますが、いわゆる士業、弁護士をはじめ税理士やわれわれは、昔は報酬を弁護士会なり社会保険労務士会が決めていました。これが廃止になりまして、報酬規定を自分でつくりなさいとなりました。ですので、公定価格的な費用は申し上げられないのですよ。

ただ、私の場合を申し上げますと、私がもし障害年金の請求を承ったら、これもいろいろなケースがありますので、例えば、実際に調べてみたら納付要件がどうしても足りないというときは、それでもって打ち切らざるを得ない。この場合には5千円ちょうだいしています。実費相当分とご承知いただきたい。

逆に、何とかいけそうだというケースについては、着手料として2万円をちょうだいします。弁護士さんの場合と同じように、障害年金というのは、出るか出ないかというのはふたを開けてみなければわからないですから、成功報酬方式をとっています。成功報酬としては、成功したら年金が入ってくるわけですから、時期的には年金が実際にお手元の通帳に振り込まれてから、その中からちょうだいします。

額としましては、遡及する場合には初回の振り込み額の10％、遡及しない場合には年金額の2カ月分。私の場合はそれを基準にしています。ケース・バイ・ケースで、そのように固定できない事情はありますが、目安としてはそんなものです。

回答7-2　弁護士費用は完全自由化に

森田　学生無年金訴訟は全部、完全ボランティアで全員がやっていますので、全く費用は実費も含めていただいていません。支援団体が寄付をいろいろと集めていますが、ほとんどコピー代とかビラとか、そういうものに消えてしまうので、実際のところは結局、社会的意義が高いということで有志の弁護士が集まっているので、それについては全く手弁当です。

実際に弁護士がもし個別に事件を受けることになると、どうなんでしょうね。なかなか算定が難しいと思います。例えば遡及請求をして、その遡及請求ができそうで固まった金額がある程度目安としてわかれば、それはそれで計算できます。でも、そういうものがないと、かつての報酬基準で考えると、定期給付と言うのですが、2カ月に1回ずつ入ってくるようなものについては、大体7年分ぐらいの全体の経済的利益として評価して、それに対して何％という着手金や報酬の比率を掛けて計算していると思います。

青木さんがおっしゃったように、今は完全に自由化されているのでばらばらですが、7年分で計算すると700万円か800万円ぐらいの経済的利益になりますから、多分通常のベースで考えると着手金が40万円か50万円ぐらいになるかもしれなくて、報酬はもしかすると実際にお金が入ってくればその2倍ぐらいになる。それはごく一般の、つまり会社の取引のトラブルとか土地の売り買いのトラブルと同じものとして考えてしまうと、そういう費用が弁護士費用としてかかります。

だけど、恐らくそういうことにかかわる弁護士は、このことで何か特にもうけようという考え方ではないので、そういうベースよりはもちろん安くなるとは思います。ただ、われわれの弁護団の中でも全く無報酬で動くということで、活動として本当に成り立っているのかどうか。

こういうことはすごく変で申し訳ないのですが、例えば大学の先生が無年金訴訟に協力してくれるときは、大学の先生はベースとしての収入を持っていらっしゃる。弁護士は裁判所で闘うことによって自分の収益を得なければいけないという人だから、自分の仕事の場所で自分の生活のための糧を全く得ないで仕事をするというのは、先行き結局つぶれてしまうので、どこかでそれは考えなければいけない。あるいは、将来的には公的な権利擁護団体をつくってやっていく必要があるかもしれませんけれども、今のところはそういう状況です。実は障害者関係のことをやっている弁護士は大変貧しい生活をしているのが実態だと思います。橋本先生、どうぞ。

橋本 池原先生は本当に貧乏です（笑い）。ですから、大学が何とか協力したいと思っているところなので、ぜひ頑張っていきたいと思います。

森田 時間もだいぶたって参りましたので、まとめに入りたいと思います。といいましても、今日の議論を今更まとめようとは考えておりません。皆さん、一緒に参加いただいて、いろいろな問題があることはおわかりいただいた、共有できたと思います。私どもに対しても、迫られているいろいろな要求、対応の必要性も認識しました。大学から給料をもらっている弁護士は一番働かなければいけない。それにしてはもうちょっとという感じはしますけど。

とにかく法科大学院という制度ができまして、多様な分野で活躍する法曹をたくさん生み出すことになっております。その中で本学の一つの特色として、この分野についての取り組みを進めていきたいと考えておりますので、ぜひ皆さん、今後ともいろいろご協力をお願いしたいと思います。

最後になりましたが、会場におこしの専門家の方々からコメントをいただきたいと思います。

第3章　シンポジウムに参加して

——専門家からのコメント

佐々木久美子（社会保険労務士）

1　障害年金は当然の権利

東京大田区で社会保険労務士として開業している佐々木久美子と申します。何かお役に立てないかと思い、参加致しました。

私は障害年金支援ネットワークに入会しており、障害年金の請求を専門にしています。お客様は、発病後数年（一番長い方で41年）経過し、障害年金の請求をしようとする方たちです。パーキンソン病・関節リウマチ・緑内障・統合失調症・そううつ病……「障害年金をもらうような状態になるとは全く思っていなかった。」と、皆様が異口同音におっしゃいます。

最初のお客様と話しているうちに、障害年金の請求が思ったより難しい事がわかりました。闘病に必死で、かつ障害年金をもらう仕組を理解していないため、その準備をしてこなかったのです。その後のお客様も同様の状況でした。本人や家族が「障害」や「障害年金」に対する知識が少なく、とても苦労されます。私の経験から、その経過を次頁の**表1**にまとめてみました。

表１　「症状の進行に伴う本人・家族の行動・気持ちの変化、障害年金との関わり合い方の一例」

症状の進行

症状	本人	家族	障害年金について
頭痛・ふるえ・抑うつ状態等、初めて症状を自覚する	疲れや気のせいと思う。家事や、子育てに忙しく、病院に行く時間がない	疲れをとるよう助言する	障害年金のことは全く思いつかない
症状が重くなる	初めて病院に行こうかという気になり、受診する。この段階では、誤診や診断がつかないこともある	病院に行くよう助言し、同行する。診察の結果、疲れ気味・更年期障害等といわれ、仕方がないと思うこともある	診断がついても、周囲からの助言がない限り、障害年金に思い至らない。障害年金を知っていても、具体的に何かしようと思わない
症状がさらに重くなる	診断が確定すれば、治療に励むが、家庭生活との両立で精一杯の状態。診断が確定しなければ、納得いくまで、病院を回ることもある	原因がはっきりわかると良いと思う。本人を支え、休日に休養をとれるよう調整し、家事を手伝う	たまに、医師から障害年金があることの説明を受ける。ただ、この段階で市町村役場や社会保険事務所に行っても、「まだ障害年金をもらえるほど、重くない。」と、言われたりする
会社勤務や家事育児が困難になったり、入院したりする	ここまで来て、やっと診断がつくこともある。闘病に専念する一方、自分の将来や経済的なことがとても不安になる	本人を支えるのに精一杯。場合によっては、在宅時間を増やすために、収入が減ったりする	身体障害者手帳の取得や障害年金の請求を本格的に検討する。一方、「障害者」という言葉に強い抵抗感をもつこともあり、福祉施策を利用しようとしない方もいる

障害年金をもらうためには、最初に診察を受けた病院の証明書を入手し、発病からの経緯を説明しないといけません。でも、そのお客様の病気についての記録や資料がありません。記憶もあいまいで、日記をつけたりスケジュール帳を保管したりしていません。ご家族も同様で、支えるのに精一杯です。3人目のお客様は失明した後に引越したこともあり、全ての資料を廃棄していました。

障害年金は、「障害の状態」になって初めて請求することができます。外出できない、寝たきりになった、そういう方が手続するのは、本当に困難です。また、請求することに対し、多くの誤解が周囲にあります。親戚からは「障害者が身内にいるのは恥ずかしい。」、医師からは「寝たきりにならないと年金はもらえないよ。」「保険料払っていないから無理だ。」等と言われる例は、挙げるときりがありません。私はいつもお客様と一緒に険しい山を登っているような気持ちになります。

これではいけない、障害の状態になった方が手続しやすくするために、何かできることはないかと思い始めるまでに長くはかかりませんでした。

そもそも多くの方が障害年金をもらう仕組を理解していないことが、問題だと思いました。20歳から年金の保険料を支払い始めますが、その時は健康であることが多く、障害年金がパンフレットで採り上げられていても、まず読みません。読んでも「もらい方」は書いてありません。

また、障害年金について聞く機会もありません。障害年金をもらっている方が、その「良さ」を話すことがないからです。なぜかというと、その前提に「以前のように生活できなくなってしまった。」という悲しみがあるからです。子どもが障害年金をもらっていることで誹謗された方もいます。

そこで、障害年金の説明を聞く機会が最も少ないと思われる主婦や学生に、セミナーで障害年金のことを紹介し始めました。「障害年金」とセミナーの題名をつけると、来て頂けないと思

表２「今すぐに出来る！障害年金をもらうための備え」

内容	目的	方法
医療費の領収書を保管し、受診歴を暦年毎に記録する。できれば家族の分も同様に取り扱う。	・障害年金の請求に使用する。 ・確定申告に使用する。 ・健康保険の自己負担分の過払いを確認する。	・１年分の領収書をまとめて封筒に入れて保管する。 ・表計算ソフトを活用し、名前・受診日・病院名・診断名・金額を記録する。 ・確定申告で医療費の領収書を提出する場合は、コピーを残す。
給料明細・名刺を保管する	・年金の請求では勤務歴を記載しないといけないので、その際に役立つ。 ・年金の保険料を支払っていたか確認できる。わからないときは勤務先に照会する。	１年分をまとめて封筒に入れて保管する。給料明細がデータでしかもらえない場合には、きちんと印刷して保管する。（会社がデータをいつまで保管するか不明であるため。）
会社からの健康保険給付記録・使用しなくなった診察券・薬の説明書・保険請求時等に入手した診断書のコピーを保管する。	・障害年金の請求に使用する。	１年分をまとめて封筒に入れて保管する。

い、「知らないと損するお金の話」と題し、その中で採り上げました。反響は上々で、「今できることからやっていく。」という声を多く頂きました。

表2では、障害年金をもらうために、病気の記録が残るよう、私がセミナーでアドバイスしていることをまとめました。

例えば「平成〇〇年分」と書いた大きい封筒に、とにかく家族全員分の医療費の領収書等を入れればよいと助言しています。廃棄するのは、老齢年金をもらえるようになった時です。思っているより、量は多くありません。転居・転職の多い方は、特に廃棄しないようにお願いします。

最近でも、年金記録の不備、健康保険の自己負担分過払い等の報道がありました。自己防衛も必要だと、私は考えています。

先輩の社会保険労務士は、「年金とは、満期老齢年金つき障害・遺族年金である。」と、話していました。私も正にその通りだと感じます。老齢年金は最低生活保障で、働いているときと同じように海外旅行に行く等余裕のある暮らしを保障するものではないのです。一方、困ったときの障害年金・遺族年金は、本当に必要でありがたいものです。保険料を支払ってきたのだから、受ける権利が当然にあると考えて、障害年金を正々堂々と請求して頂きたいと思います。日常生活に不自由を感じている方が周りにいたら、障害年金をもらえているかなと気にかけてあげてほしいとも思います。

ここに参加されている学生の方が、「障害年金をもらうことは当然の権利なんだ。」と、何らかの形で周囲に伝えていかれることで、一般の方の意識を変えてほしいと心から願っています。また、社会保険労務士を目指される方がいらっしゃるなら、障害年金の請求業務を是非手がけて頂きたいと思います。

つぎに、「障害年金支援ネットワーク」について報告します。

2　特定非営利活動法人「障害年金支援ネットワーク」の活動
――関東の現状

特定非営利活動法人「障害年金支援ネットワーク（以下「支援ネット」）は、平成13年4月に奈良と大阪の有志の社会保険労務士が結成した非営利団体で、平成15年12月に奈良県で特定非営利活動法人として認証されました。現会員は全て社会保険労務士で、現在42名です。

支援ネットの設立宣言では

すべての障害者に障害年金を
すべての都道府県に障害年金支援ネットワークを

と、謳っています。

障害年金の専門知識を有する社会保険労務士が結集し、障害の状態にある方が、障害年金の存在を知らずに、経済的に苦労されている現状を変えていきたいというのが支援ネットの趣旨です。

具体的には、入会している社会保険労務士が、輪番で障害年金に関する無料電話でご相談を受けたり、障害年金を広く一般に知って頂けるよう市区町村役場・病院等の利用者に対する広報活動を行っています。

また、支援ネットでは、相談者が自力で障害年金の手続をできない場合には、適任の社会保険労務士を紹介しています。担当した社会保険労務士だけでは対応が困難な案件については、支援ネット内で緊密に連絡をとり、他の会員からの意見を求め、経験を分かち合い、一丸となって全力で対応しています。

設立以来何度となく新聞に採り上げられたこともあり、相談件数は増加の一途です。セミナーや相談会に、会員が講師として招かれる機会も多くなりました。

支援ネットは関西で発足したこともあり、関東で入会している社会保険労務士は最初の数年は埼玉県の１名だけで、まさに孤軍奮闘という状態でした。平成17年10月で４名、平成19年２月現在では、東京都・神奈川県各３名、埼玉県２名、茨木県・山梨県各１名の計10名に増えました。これからは関東での広報・啓蒙活動を充実させていきたいと、考えています。

今回、支援ネットの関東での活動についてまとめる機会を頂いて改めて感じたのは、会員が行う活動について、特に地域差はないということです。関東においても日々の活動は、月１回の無料電話相談の当番と、地域の行政機関や医療機関をまわって広報活動への協力を要請するという地道なものです。

一方で、医療・行政側の障害年金への対応は、地域や担当者により異なる場合があります。私もある病気について、東京・神奈川・千葉・茨木で複数の案件のご相談を頂きましたが、地域や担当者により、考え方や対応が若干異なるのを実感しました。

本来障害年金の取扱について、地域差や医療・行政の担当者による違いがあってはならないはずですが、現実には、風土や考え方等の違いが、地域の医療に反映されていることも多く、おのずと障害年金への対応が異なることもあります。

通常、社会保険労務士は自分の地域での活動に限定されがちです。そうすると、その地域の障害年金の取扱が一つの標準となってしまいます。行政機関や医療機関の対応等に疑問を感じても、具体的にどういう行動をとったらよいか、悩むものです。

また、まだまだ患者数の少ない病気もあり、そういう方の実態を障害年金に結びつけるために、診断書のどの様式を提出するか悩むようなこともあります。

この点、支援ネットがほぼ全国に会員を有し、情報交換を行っているということは、先に述べた地域差の解消やオンブズマン機能の発揮などの点で非常に大きなメリットだと感じています。

各会員の悩みが、支援ネットで熟練の会員の意見や他の会員の実体験を聴くこと等により払拭され、活路が見出されることもあります。現実の受給につながっていくのです。

障害の状態にありながら障害年金をもらわずに苦労されている方、そもそも障害年金の仕組をご存知のない方、「自分は障害の状態にあるのだろうか。」「私は障害年金をもらえるのだろうか。」といった悩みをお持ちの方が近くにいらしたら、支援ネットにご相談いただくよう、是非お伝えください。無料電話番号は上記の通りです。

最後になりますが、今後の活動の参考にするため、支援ネットに対し、ご要望・ご提案または率直なご意見を頂けると、幸いです。また、支援ネットの活動へのご理解・ご協力を賜りますようお願い申し上げます。

森田　ありがとうございました。

NPO法人
障害年金支援ネットワーク

フリーコール
0120－956－119

月曜日から金曜日（除く祝日）
午前10時から午後4時まで
（除く正午から午後1時）

時間もだいぶ参りましたので、まとめとなります。といいましても、今日の議論を今更まとめようとは考えておりません。皆さん、一緒にご参加いただいて、いろいろな問題があることはおわかりいただけた、共有できたと思います。私どもに対しても、迫られているいろいろな要求、対応の必要性も認識しました。大学から給料をもらっている弁護士は一番働かなければいけない。それにしてはもうちょっとという感じはしますけど。

とにかく法科大学院という制度ができまして、多様な分野で活躍する法曹にたずさわる人々をたくさん生み出すことになっております。その中で本学の一つの特色として、この分野についての取り組みを進めていきたいと考えておりますので、ぜひ皆さん、今後ともいろいろご協力をお願いしたいと思います。

（終了）

〔参考資料〕

【参考資料1】

青木報告における「保険料納付要件の判断」についてのもう一つの考え方

（この項の位置づけについては21頁参照）

①保険料納付要件の判断はどの時点で行われるか？

今回のシンポジュウムでは、現行の障害年金制度の骨格をなしている、いわゆる「初診日主義」について、多くの方から多くの問題が提起されている。

保険料納付要件に係る現行規定の運用・解釈をめぐる問題も、この初診日主義の隘路に起因して提起されている。

以下では、初診日主義に係る諸問題とは一線を画し、保険料納付要件に係る現行規定がどのように運用・解釈されるかについて考察を試みたものである。

障害年金をもらうための受給要件の一つである「保険料納付要件」が、いつの時点で判断されるかについては、条文の難しさもあって多様に解釈される可能性がある。

しかし、社会保険庁、社会保険審査会等においては、国民年金法第30条但書きの規定によって「初診日の前日」であることは明らかだ、として実務が行われている。

では、国民年金法第30条但書きにおいて、保険料納付要件がどのように定められているのか、まず、その全文を見てみよう。

ただし、当該傷病に係る初診日の前日において、当該初診日の属する月の前々月までに被保険者期間があり、かつ、当該被保険者期間に係る保険料納付済期間と保険料免除期間とを合算した期間が当該被保険者期間の3分の2に満たないときは、この限りではない。

このままでは、条文が長く理解し難い。そこで、これを文節によって区切り、第30条本文との関連を含めて、よりシンプルな形に書き表わすと、次のようになる。

ただし、当該傷病に係る初診日の前日において、3分の2の要件を満たしていないときは、障害年金は支給しない。

すなわち、これで明らかなように、保険料納付要件は「当該初診日の前日において」判断され、その結果、3分の2の要件を満たしていないときは、障害年金は支給されないのである。

では、なぜこのような規定をしているのだろうか。

例えば、事故に遭って障害が残るようなケガをしてしまった場合を想定してみよう。保険料納付要件を初診日当日で判断することになると、保険料納付要件を満たすために、病院で治療を受けたその足で社会保険事務所へ行き、過去滞納した保険料のうち2年前までの分を全部払ってしまうことが可能となる。

国民年金制度は、国民年金法第1条の目的で定めるように、「老齢、障害又は死亡によって国民生活の安定がそこなわれることを国民の共通連帯によって防止し」ようとする、政府が保険者となった強制加入の保険制度である。それが病気になったり、ケガをしてから、障害年金をもらうために過去滞納していた2年分の保険料を納めるという、アンフェアなことを認めてしまえば、滞納することなく保険料を納付している被保険者との間に不公平が生じるだけでなく、保険制度そのものが成立が難しくなるのである。

②「保険料納付済期間」とはどのような期間か？

次に、国民年金法第30条但し書きに関連して問題が提起された「保険料納付済期間」について考えてみたい。

保険料納付済期間については、国民年金法第5条第2項において、「この法律において、『保険料納付済期間』とは」として、その定義が定められている。この定義の内容を簡潔に言えば、国民年金の第1号被保険者として保険料を納付した期間、第2号被保険者としての被保険者期間及び第3号被保険者としての被保険者期間を合算した期間、ということになる。

一方、国民年金法第30条但書きを見ると、次のとおりである。

> 当該初診日の属する月の前々月までに被保険者期間があり、かつ、当該被保険者期間に係る保険料納付済期間と・・・

この条文を精読すると、国民年法第30条但書きでいう保険料納付済期間は、「当該被保険者期間に係る保険料納付済期間」であり、「当該被保険者期間」とは、条文の前後から、「当該初診日の属する月の前々月までの被保険者期間」であることがわかる。

すなわち、国民年法第30条但書きでいう保険料納付済期間は、国民年金法第5条第2項において定義されている「保険料納付済期間」に、「当該初診日の属する月の前々月までの被保険者期間に係る」という前提がおかれた「保険料納付済期間」なのである。

③　国民年金法30条但書きには、他にも重要な意味がある

これまで見てきた保険料納付要件を定める国民年金法第30条の但書きは、以上のほかにも重要な意味を含んでいる。以下に補足しておきたい。

被保険者期間を「初診日の属する月の前々月までの期間」とする理由

国民年金法第30条但書きにおいて、被保険者期間は、「初診日の属する月の前々月までの期間」で見るとされている。その理由は何だろうか。

これは、国民年金法第91条において、「毎月の保険料は、翌月末日までに納付しなければならない」とされているためである。例えば1月分の保険料を滞納したとして、滞納したことが保険者側で確認できるのは、2月の末日を過ぎて3月に入ってからとなる。このため、保険者側において保険料納付が確認で

きる前々月までを被保険者期間として、保険料納付要件を確認しているのである。

被保険者期間がなければ保険料納付要件は問われない

国民年金法第30条但書きにおいては、保険料納付要件は、過去に国民年金の被保険者期間があるときにはじめて問われ、被保険者期間がないときは一切問われない、という極めて重要な内容も含んでいる。

ここで、次の但書き抜粋をご覧いただきたい。

> 当該初診日の属する月の前々月までに被保険者期間があり（①）、
>
> かつ、
>
> 当該被保険者期間に係る保険料納付済期間と保険料免除期間とを合算した期間が当該被保険者期間の3分の2に満たないとき（②）は、その限りでない。

すなわち、「①と②の二つの条件を満たさないときは障害年金を支給しない」のであって、①の条件である「当該初診日の属する月の前々月までに被保険者期間が」なければ、但書きは適用されないのである。

例えば、高校を卒業して自営する父親の仕事を手伝っていた人が、20歳になったので国民年金に加入し、加入した日にケガをして障害者になってしまったとしょう。

この人の場合は、一度も国民年金の被保険者になったことがないので、「初診日の属する月の前々月までに被保険者期間」は存在しない。被保険者期間が存在しない以上、保険料納付要件は問われることはなく、障害認定日あるいは請求日に障害等級の1・2級に該当すれば、いわゆる20歳前障害の障害基礎年金をもらうことができるのである。

【参考資料2】 社会保険審査会年度別（再）審査請求受付・裁決件数の推移

年度	受付状況			処理状況						未処理
				取下	裁決状況				計	
	繰越	受付	計		容認	棄却	却下	小計		
8	148	222	370	71	42	97	5	144	215	155
9	155	198	353	95	27	66	11	104	199	154
10	154	270	424	51	44	80	13	137	188	236
11	236	368	604	66	54	179	25	258	324	280
12	280	348	628	63	80	175	36	291	354	274
13	274	353	627	51	73	252	31	356	407	220
14	220	504	724	48	88	202	31	321	369	355
15	355	650	1,005	101 (91)	76	333	35	444	545	460
16	460	728	1,188	127 (109)	83	322	61	466	593	595
17	595	768	1,363	172 (155)	61	586	77	724	896	467

（注） 取下件数の（ ）は、社会保険審査会の要請に基づき保険者が再検討を行った結果、原処分の変更が行われ、これを踏まえて（再）審査請求が取り下げられた件数。

【参考資料3】 社会保険審査会年度別（再）審査請求受付・裁決件数の推移

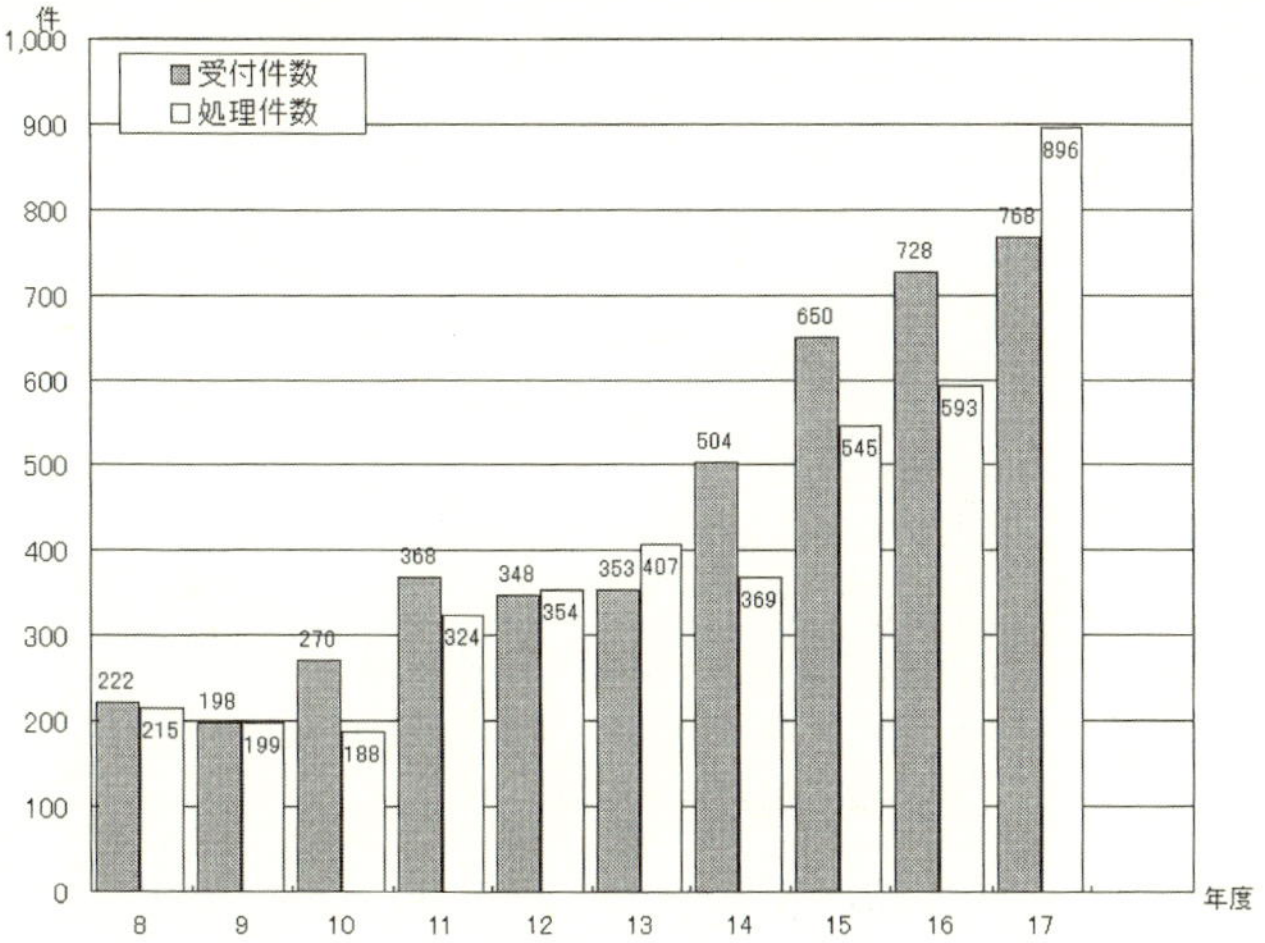

【参考資料４】　社会保険審査会裁決状況（被用者保険・国民年金別）

【被用者保険】

	裁決				取り下げ（原処分変更）		計
	却下	容認	棄却	小計			
平成１５年度	19	44	160	223	52	(46)	275
平成１６年度	35	58	179	272	82	(73)	354
平成１７年度	54	54	306	414	76	(69)	490

【国民年金】

	裁決				取り下げ（原処分変更）		計
	却下	容認	棄却	計			
平成１５年度	16	32	173	221	48	(45)	269
平成１６年度	26	25	143	194	45	(36)	239
平成１７年度	23	7	280	310	96	(86)	406

【合計】

	裁決				取り下げ（原処分変更）		計
	却下	容認	棄却	計			
平成１５年度	35	76	333	444	100	(91)	544
平成１６年度	61	83	322	466	127	(109)	593
平成１７年度	77	61	586	724	172	(155)	896

【参考資料５】 社会保険審査会年度別制度別受付状況

	給付種類	平成15年度	平成16年度	平成17年度	計
健康保険	療養の給付	11	2	3	16
	療養費	18	41	23	82
	傷病手当金	39	39	44	122
	その他	3	8	17	28
	計	71	90	87	248
健保・厚年	保険料	6	6	6	18
	その他	8	19	15	42
	計	14	25	21	60
厚生年金	老齢関係	28	50	71	149
	障害関係	151	125	127	403
	遺族関係	38	48	50	136
	その他	42	75	32	149
	計	259	298	280	837
船員保険	傷病手当金	4	2	19	25
	障害年金	1	1	2	4
	遺族年金	0	0	2	2
	その他	1	1	4	6
	計	6	4	27	37
国民年金	老齢関係	16	10	8	34
	障害関係	199	244	309	752
	遺族関係	2	4	1	7
	保険料免除	71	37	24	132
	その他	12	16	11	39
	計	300	311	353	964
総計		650	728	768	2,146

【参考資料６】　社会保険審査会（再）審査請求受付状況裁決状況

（被用者保険・国民年金別）

	被用者保険	国民年金	計
平成１５年度	350	300	650
平成１６年度	417	311	728
平成１７年度	415	353	768

【資料２～６】出典：厚生労働省ホームページ

地方自治ジャーナルブックレットNo．45
〈シンポジウム〉

障害年金と人権

—代替的紛争解決制度と大学・専門集団の役割—

２００７年6月２５日　初版発行　　　定価（本体１，４００円＋税）

著　　者　橋本宏子・森田明・湯浅和恵・池原毅和・
　　　　　青木久馬・澤静子・佐々木久美子
編集協力　松本義夫・栄恭子
企画編集　神奈川大学法学研究所
〒221-8686　神奈川県横浜市神奈川区六角橋３－２７－１
　　　TEL ０４５－４８１－５６６１（代）
発 行 人　武内　英晴
発 行 所　公人の友社
〒112-0002　東京都文京区小石川５－２６－８
　　　TEL ０３－３８１１－５７０１
　　　FAX ０３－３８１１－５７９５
　　　Eメール koujin@alpha.ocn.ne.jp
　　　http://www.e-asu.com/koujin/
印刷所　倉敷印刷株式会社

「官治・集権」から
「自治・分権」へ

市民・自治体職員・研究者のための

自治・分権テキスト

《出版図書目録 2007.6》

公人の友社

120-0002　東京都文京区小石川５－26－８
TEL　03-3811-5701
FAX　03-3811-5795
メールアドレス　koujin@alpha.ocn.ne.jp

●ご注文はお近くの書店へ

小社の本は店頭にない場合でも、注文すると取り寄せてくれます。

書店さんに「公人の友社の『○○○○』をとりよせてください」とお申し込み下さい。５日おそくとも10日以内にお手元に届きます。

●直接ご注文の場合は

電話・ＦＡＸ・メールでお申し込み下さい。（送料は実費）

TEL　03-3811-5701　FAX　03-3811-5795
メールアドレス　koujin@alpha.ocn.ne.jp

（価格は、本体表示、消費税別）

「地方自治ジャーナル」ブックレット

No.2
政策課題研究の研修マニュアル
首都圏政策研究・研修研究会
1,359円［品切れ］

No.3
使い捨ての熱帯林
熱帯雨林保護法律家リーグ　971円

No.4
自治体職員世直し志士論
村瀬誠　971円

No.5
行政と企業は文化支援で何ができるか
日本文化行政研究会　1,166円

No.7
パブリックアート入門
竹田直樹　1,166円［品切れ］

No.8
市民的公共と自治
今井照　1,166円［品切れ］

No.9
ボランティアを始める前に
佐野章二　777円

No.10
自治体職員の能力
自治体職員能力研究会　971円

No.11
パブリックアートは幸せか
山岡義典　1,166円

No.12
市民がになう自治体公務
パートタイム公務員論研究会
1,359円

No.13
行政改革を考える
山梨学院大学行政研究センター
1,166円

No.14
上流文化圏からの挑戦
山梨学院大学行政研究センター
1,166円

No.15
市民自治と直接民主制
高寄昇三　951円

No.16
議会と議員立法
上田章・五十嵐敬喜　1,600円

No.17
分権段階の自治体と政策法務
松下圭一他　1,456円

No.18
地方分権と補助金改革
高寄昇三　1,200円

No.19
分権化時代の広域行政
山梨学院大学行政研究センター
1,200円

No.20
あなたのまちの学級編成と地方分権
田嶋義介　1,200円

No.21
自治体も倒産する
加藤良重　1,000円

No.22
ボランティア活動の進展と自治体の役割
山梨学院大学行政研究センター
1,200円

No.23
新版・2時間で学べる「介護保険」
加藤良重　800円

No.24
男女平等社会の実現と自治体の役割
山梨学院大学行政研究センター
1,200円

No.25
市民がつくる東京の環境・公害条例
市民案をつくる会　1,000円

No.26
東京都の「外形標準課税」はなぜ正当なのか
青木宗明・神田誠司　1,000円

No.27
少子高齢化社会における福祉のあり方
山梨学院大学行政研究センター
1,200円

No.28
財政再建団体
橋本行史　1,000円［品切れ］

No.29
交付税の解体と再編成
高寄昇三　1,000円

No30
町村議会の活性化
山梨学院大学行政研究センター
1,200円

No.31
地方分権と法定外税
外川伸一　800円

No.32
東京都銀行税判決と課税自主権
高寄昇三　1,000円

No.33
都市型社会と防衛論争
松下圭一　900円

No.34
中心市街地の活性化に向けて
山梨学院大学行政研究センター
1,200円

No.35
自治体企業会計導入の戦略
高寄昇三　1,100円

No.36
行政基本条例の理論と実際
神原勝・佐藤克廣・辻道雅宣
1,100円

No.37
市民文化と自治体文化戦略
松下圭一　800円

No.38
まちづくりの新たな潮流
山梨学院大学行政研究センター
1,200円

No.39
ディスカッション・三重の改革
中村征之・大森彌　1,200円

No40
政務調査費
宮沢昭夫　1,200円

No41
市民自治の制度開発の課題
山梨学院大学行政研究センター
1,100円

No42
《改訂版》自治体破たん
・「夕張ショック」の本質
橋本行史　1,200円

No43
分権改革と政治改革
～自分史として
西尾勝　1,200円

No44
自治体人材育成の着眼点
浦野秀一・井澤壽美子・野田邦弘・西村浩・三関浩司・杉谷知也・坂口正治・田中富雄　1,200円

No45
障害年金と人権
—代替的紛争解決制度と
大学専門集団の役割—
橋本宏子・森田明・湯浅和恵・池原毅和・青木久馬・澤静子・佐々木久美子　1,400円

「地方自治土曜講座」ブックレット

《平成7年度》

No.1
現代自治の条件と課題
神原勝　[品切れ]

No.2
自治体の政策研究
森啓　600円

No.3
現代政治と地方分権
山口二郎　[品切れ]

No.4
行政手続と市民参加
畠山武道　[品切れ]

No.5
成熟型社会の地方自治像
間島正秀　[品切れ]

No.6
自治体法務とは何か
木佐茂男　[品切れ]

No.7
自治と参加アメリカの事例から
佐藤克廣　[品切れ]

No.8
政策開発の現場から
小林　勝彦・大石和也・川村喜芳
[品切れ]

《平成8年度》

No.9
まちづくり・国づくり
五十嵐広三・西尾六七　[品切れ]

No.10
自治体デモクラシーと政策形成
山口二郎　[品切れ]

No.11
自治体理論とは何か
森啓　[品切れ]

No.12
池田サマーセミナーから
間島正秀・福士明・田口晃 [品切れ]

No.13
憲法と地方自治
中村睦男・佐藤克廣　[品切れ]

No.14
まちづくりの現場から
斎藤外一・宮嶋望　[品切れ]

No.15
環境問題と当事者
畠山武道・相内俊一　[品切れ]

No.16
情報化時代とまちづくり
千葉純・笹谷幸一　[品切れ]

No.17
市民自治の制度開発
神原勝　[品切れ]

《平成9年度》

No.18
行政の文化化
森啓　[品切れ]

No.19
政策法学と条例
阿倍泰隆　[品切れ]

No.20
政策法務と自治体
岡田行雄　[品切れ]

No.21
分権時代の自治体経営
北良治・佐藤克廣・大久保尚孝
[品切れ]

No.22
地方分権推進委員会勧告とこれからの地方自治
西尾勝　500円

No.23
産業廃棄物と法
畠山武道　[品切れ]

No.25
自治体の施策原価と事業別予算
小口進一　600円

No.26
地方分権と地方財政
横山純一　[品切れ]

《平成10年度》

No.27
比較してみる地方自治
田口晃・山口二郎　[品切れ]

No.28
議会改革とまちづくり
森啓　400円

No.29
自治の課題とこれから
逢坂誠二　[品切れ]

No.30
内発的発展による地域産業の振興
保母武彦　[品切れ]

No.31
地域の産業をどう育てるか
金井一頼　600円

No.32
金融改革と地方自治体
宮脇淳　600円

No.33
ローカルデモクラシーの統治能力
山口二郎　400円

No.34
政策立案過程への「戦略計画」手法の導入
佐藤克廣　[品切れ]

No.35
98サマーセミナーから「変革の時」の自治を考える
神原昭子・磯田憲一・大和田建太郎
[品切れ]

No.36
地方自治のシステム改革
辻山幸宣　[品切れ]

No.37
分権時代の政策法務
礒崎初仁　[品切れ]

No.38
地方分権と法解釈の自治
兼子仁　[品切れ]

No.39
市民的自治思想の基礎
今井弘道　500円

No.40
自治基本条例への展望
辻道雅宣　[品切れ]

No.41
少子高齢社会と自治体の福祉法務
加藤良重　400円

《平成11年度》

No.42
改革の主体は現場にあり
山田孝夫　900円

No.43
自治と分権の政治学
鳴海正泰　1,100円

No.44
公共政策と住民参加
宮本憲一　1,100円

No.45
農業を基軸としたまちづくり
小林康雄　800円

No.46
これからの北海道農業とまちづくり
篠田久雄　800円

No.47
自治の中に自治を求めて
佐藤　守　1,000円

No.48
介護保険は何を変えるのか
池田省三　1,100円

No.49
介護保険と広域連合
大西幸雄　1,000円

No.50
自治体職員の政策水準
森啓　1,100円

No.51
分権型社会と条例づくり
篠原　一　1,000円

No.52
自治体における政策評価の課題
佐藤克廣　1,000円

No.53
小さな町の議員と自治体
室崎正之　900円

No.54
地方自治を実現するために法が果たすべきこと
木佐茂男　[未刊]

No.55
改正地方自治法とアカウンタビリティ
鈴木庸夫　1,200円

No.56
財政運営と公会計制度
宮脇淳　1,100円

No.57
自治体職員の意識改革を如何にして進めるか
林嘉男　1,000円［品切れ］

《平成12年度》

No.59
環境自治体とＩＳＯ
畠山武道　700円

No.60
転型期自治体の発想と手法
松下圭一　900円

No.61
分権の可能性
スコットランドと北海道
山口二郎　600円

No.62
機能重視型政策の分析過程と財務情報
宮脇淳　800円

No.63
自治体の広域連携
佐藤克廣　900円

No.64
分権時代における地域経営
見野全　700円

No.65
町村合併は住民自治の区域の変更である。
森啓　800円

No.66
自治体学のすすめ
田村明　900円

No.67
市民・行政・議会のパートナーシップを目指して
松山哲男　700円

No.69
新地方自治法と自治体の自立
井川博　900円

No.70
分権型社会の地方財政
神野直彦　1,000円

No.71
自然と共生した町づくり
宮崎県・綾町
森山喜代香　700円

No.72
情報共有と自治体改革
ニセコ町からの報告
片山健也　1,000円

《平成13年度》

No.73
地域民主主義の活性化と自治体改革
山口二郎　600円

No74
分権は市民への権限委譲
上原公子　1,000円

No.75
今、なぜ合併か
瀬戸亀男　800円

No.76
市町村合併をめぐる状況分析
小西砂千夫　800円

No.78
ポスト公共事業社会と自治体政策
五十嵐敬喜　800円

No.80
自治体人事政策の改革
森啓　800円

《平成14年度》

No.82
地域通貨と地域自治
西部忠　900円

No.83
北海道経済の戦略と戦術
宮脇淳　800円

No.84
地域おこしを考える視点
矢作弘　700円

No.87
北海道行政基本条例論
神原勝　1,100円

No.90
「協働」の思想と体制
森啓　800円

No.91
協働のまちづくり
三鷹市の様々な取組みから
秋元政三　700円

《平成15年度》

No.92
シビル・ミニマム再考
ベンチマークとマニフェスト
松下圭一　900円

No.93
市町村合併の財政論
高木健二　800円

No.95
市町村行政改革の方向性
～ガバナンスとＮＰＭのあいだ
佐藤克廣　800円

No.96
創造都市と日本社会の再生
佐々木雅幸　800円

No.97
地方政治の活性化と地域政策
山口二郎　800円

No.98
多治見市の政策策定と政策実行
西寺雅也　800円

No.99
自治体の政策形成力
森啓　700円

《平成16年度》

No100
自治体再構築の市民戦略
松下圭一　900円

No.101
維持可能な社会と自治
～『公害』から『地球環境』へ
宮本憲一　900円

No.102
道州制の論点と北海道
佐藤克廣　1,000円

No.103
自治体基本条例の理論と方法
神原勝　1,100円

No.104
働き方で地域を変える
～フィンランド福祉国家の取り組み
山田眞知子　800円

《平成17年度》

No.107
公共をめぐる攻防
～市民的公共性を考える
樽見弘紀　600円

No.108
三位一体改革と自治体財政
岡本全勝・山本邦彦・北良治・逢坂誠二・川村喜芳　1,000円

No.109
連合自治の可能性を求めて
サマーセミナー in 奈井江
松岡市郎・堀則文・三本英司・佐藤克廣・砂川敏文・北　良治　他
1,000円

No.110
「市町村合併」の次は「道州制」か
高橋彦芳・北良治・脇紀美夫・碓井直樹・森啓　1,000円

No.111
コミュニティビジネスと建設帰農
松本懿・佐藤　吉彦・橋場利夫・山北博明・飯野政一・神原勝
1,000円

《平成18年度》

No.112
「小さな政府」論とはなにか
牧野富夫　700円

No.113
栗山町発・議会基本条例
橋場利勝・神原勝　1,200円

No.114
北海道の先進事例に学ぶ
宮谷内留雄・安斎保・見野全・佐藤克廣・神原勝　1,000円

TAJIMI CITY ブックレット

No.2
転型期の自治体計画づくり
松下圭一　1,000円

No.3
これからの行政活動と財政
西尾勝　1,000円

No.4
構造改革時代の手続的公正と第2次分権改革
手続的公正の心理学から
鈴木庸夫　1,000円

No.5
自治基本条例はなぜ必要か
辻山幸宣　1,000円［品切れ］

No.6
自治のかたち法務のすがた
政策法務の構造と考え方
天野巡一　1,100円

No.7
自治体再構築における
行政組織と職員の将来像
今井照　1,100円

No.8
持続可能な地域社会のデザイン
植田和弘　1,000円

No.9
政策財務の考え方
加藤良重　1,000円

No.10
市場化テストをいかに導入するべきか　～市民と行政
竹下譲　1,000円

朝日カルチャーセンター 地方自治講座ブックレット

No.1
自治体経営と政策評価
山本清　1,000円

No.2
ガバメント・ガバナンスと行政評価システム
星野芳昭　1,000円

No.4
政策法務は地方自治の柱づくり
辻山幸宣　1,000円

No.5
政策法務がゆく
北村喜宣　1,000円

政策・法務基礎シリーズ
—東京都市町村職員研修所編

No.1
これだけは知っておきたい
自治立法の基礎
600円［品切れ］

No.2
これだけは知っておきたい
政策法務の基礎
800円

地域ガバナンスシステム・シリーズ
（龍谷大学地域人材・公共政策開発システム
オープン・リサーチ・センター企画・編集）

No.1
地域人材を育てる自治体研修改革
土山希美枝　900円

No.2
公共政策教育と認証評価システム—日米の現状と課題—
坂本勝　編著　1,100円

No.3
暮らしに根ざした心地良いまち
野呂昭彦・逢坂誠二・関原剛・吉本哲郎・白石克孝・堀尾正靭
1,100円

都市政策フォーラムブックレット
（首都大学東京・都市教養学部
都市政策コース　企画）

No.1
「新しい公共」と新たな支え合いの創造へ—多摩市の挑戦—
首都大学東京・都市政策コース
900円

シリーズ「生存科学」
（東京農工大学生存科学研究拠点
企画・編集）

No.2
再生可能エネルギーで地域がかがやく
—地産地消型エネルギー技術—
秋澤淳・長坂研・堀尾正靭・小林久著
1,100円

No.4
地域の生存と社会的企業
—イギリスと日本とのひかくをとおして—
柏雅之・白石克孝・重藤さわ子
1,200円

No.5
地域の生存と農業知財
澁澤　栄／福井　隆／正林真之
1,000円

No.6
風の人・土の人
—地域の生存とNPO—
千賀裕太郎・白石克孝・柏雅之・福井隆・飯島博・曽根原久司・関原剛
1,400円

自治体再構築

松下圭一（法政大学名誉教授）　定価 2,800 円

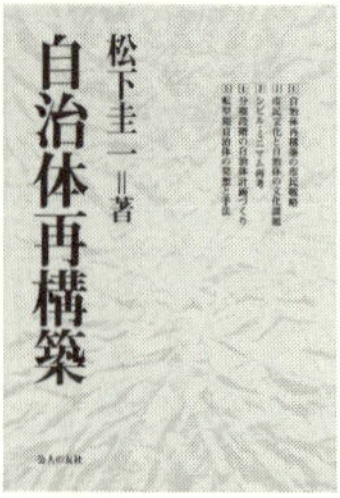

●官治・集権から自治・分権への転型期にたつ日本は、政治・経済・文化そして軍事の分権化・国際化という今日の普遍課題を解決しないかぎり、閉鎖性をもった中進国状況のまま、財政破綻、さらに「高齢化」「人口減」とあいまって、自治・分権を成熟させる開放型の先進国状況に飛躍できず、衰退していくであろう。
●この転型期における「自治体改革」としての〈自治体再構築〉をめぐる 2000 年〜 2004 年までの講演ブックレットの再編版。

1　自治体再構築の市民戦略
2　市民文化と自治体の文化戦略
3　シビル・ミニマム再考
4　分権段階の自治体計画づくり
5　転型期自治体の発想と手法

社会教育の終焉［新版］

松下圭一（法政大学名誉教授）　定価 2,625 円

●86年の出版時に社会教育関係者に厳しい衝撃を与えた幻の名著の復刻・新版。
●日本の市民には、〈市民自治〉を起点に分権化、国際化をめぐり、政治、行政、経済、財政ついで文化・理論を官治・集権型から自治・分権型への再構築をなしえるか、が今日あらためて問われている。

序章　日本型教育発想
Ⅰ　公民館をどう考えるか
Ⅱ　社会教育行政の位置
Ⅲ　社会教育行政の問題性
Ⅳ　自由な市民文化活動
終章　市民文化の形成　　あとがき　　新版付記

［新版］自治体福祉政策　計画・法務・財務

加藤良重（法政大学兼任講師）　定価 2,730 円

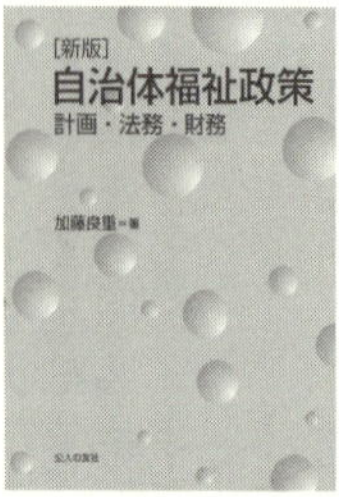

自治体の位置から出発し、福祉環境の変化を押さえて、政策の形成から実現までを自治体計画を基軸に政策法務および政策財務を車の両輪として展開した、現行政策・制度のわかりやすい解説書。

第 1 章　自治体と福祉環境の変化
第 2 章　自治体政策と福祉計画
第 3 章　自治体福祉法務
第 4 章　自治体福祉財務
第 5 章　自治体高齢者福祉政策
第 6 章　自治体子ども家庭福祉政策
第 7 章　自治体障害者福祉政策
第 8 章　自治体生活困窮者福祉政策
第 9 章　自治体健康政策